高級 中國料理
고급중국요리

예문사

머리말

생계를 위해 어쩔 수 없이 시작한 일이었지만 조리인으로 입문한 이후, 이 일을 천직으로 생각하며 열정을 가지고 열심히 노력하였고, 1990년부터는 짬짬이 중국의 북경과 상해를 방문하면서 본토의 많은 요리들을 체험하는 기회를 가지게 되었다. 그때의 놀라움과 감동은 지금도 생생한데, 특히 베이징의 베이하이따오 꿍위엔의 중국황제요리인 "만한전석"은 너무나 충격적이었고 요리사로서 더 큰 비전과 포부를 갖게 하였다.

그리고 새로운 꿈을 이루기 위해 2005년 조리기능장을 취득하고, 국가자격 감독위원, 대학 및 문화센터 강의 등 다양한 활동을 통해 중식을 널리 알릴 수 있었으며, 중식조리사 자격제도와 표준화를 위해 부산시 중식발전연구회를 창립하여 지금도 활동하고 있다.

이 책은 필자와 같이 중국요리 전문가로서의 꿈을 가지고 조리기능장 자격시험을 준비하는 수험생들을 위해 기획되었다. 따라서 이 책은 먼저 자격증을 취득한 선배로서, 그리고 시험장에서 감독을 하면서 느꼈던 점들을 최대한 반영하여 시험준비에 가장 용이하도록 구성하였다.

실기시험에서 꼭 알아야 할 팁들과 시간을 절약하고 감점을 피하는 요령 및 각각의 요리에 대한 보다 정확하고 알기 쉬운 레시피, 그리고 조리과정의 중요 부분들은 좀더 세밀하게 사진과 함께 볼 수 있도록 하였으며, 제한된 시간 안에 처리해야 하는 시험장에서 조리시간을 절약하고 보다 능숙하게 작업할 수 있도록 최대한 배려하였다.

출간을 위해 애써주신 도서출판 예문사와 사진 촬영을 해주신 신상문 작가, 헌신적으로 도와준 아방궁 식구들(실장 육대웅, 과장 문광필), 그리고 영산대 한국식품조리학과 강송목 겸임교수께 감사를 전한다.

끝으로 이 책을 통해 꿈을 이루기 위해 성실히 노력하는 모든 독자들이 원하는 자격증 취득의 성취를 얻고, 이후로도 전문 조리인으로서 계속 발전하기를 기원한다.

2011
서 정 희

추 천 사

　중국음식은 오랜 역사와 더불어 독특한 조리기법과 다양한 메뉴로 전 세계적으로 알려져 있다. 그런 만큼 세계 어디를 가도 쉽게 접할 수 있고, 수많은 사람들이 사랑하고 있으며, 우리의 음식문화 속에도 깊이 들어와 매우 친숙하고 일상적으로 즐기는 음식이 되었다.

　이 책을 편찬한 서정희 기능장은 오랜 기간 동안 현업에 종사하면서 중화요리의 저변 확대와 지속적인 발전을 위해 열정적으로 활동해 왔다. 특히 중국 요리 부분에 다수의 특허 출원으로 선도적 역할을 하고 있으며, 지역사회를 위한 봉사활동은 수많은 기관과 사람들로부터 찬사와 인정을 받고 있다. 더욱이 2005년 조리인으로서는 최고의 자격증이라 할 수 있는 기능장을 취득한 이후로 다양한 형태로 인재 양성에 헌신하고 있다.

　이런 다양한 활동과 경험을 살려 이번에 중식조리기능장 시험 준비를 위한 교재를 출간하였는 바, 이제까지 많은 도전자들이 수험 준비에 혼란과 어려움을 겪는 것을 보며 안타까운 부분이 없지 않았던 차에 현업은 물론 다방면에서 열정적으로 노력해온 자신의 경험을 살려 소중한 자료를 출간한다는 소식에 큰 반가움과 기대를 갖게 되었다.

　특히 수년간의 기능장 시험감독을 최대한 살려 기출문제의 꼼꼼한 분석과 시험 시 반드시 알아두어야 할 중요 내용들을 빠짐없이 정리하여 수험생에게 실제적인 도움을 줄 수 있도록 구성한 것은 이 책만의 장점이라 하겠다.

　실기시험에서 무엇보다 중요한 것은 요구사항에 맞는 정확한 레시피와 사소한 듯하지만 소홀히 하면 감점이나 실격처리되는 부분들을 놓치지 않는 것이다. 선배이자 시험감독으로서 이런 부분들을 충분히 다루었기에 누구든지 이 책을 잘 활용한다면 완벽한 시험 준비를 할 수 있을 것이다.

　다시 한 번 출간을 축하하며, 부디 이 책이 조리기능장에 도전하는 많은 수험생들에게 좋은 길잡이가 되어 그들의 꿈을 이루는 데 디딤돌 역할을 해주기를 기원한다.

2011
대한민국 조리명장 강 현 우

현대사회가 고도 산업사회로 이행되면서 라이프스타일의 급격한 변화로 인해 식생활의 소비문화에도 변화가 생겼으며, 이는 외식문화의 확대로 이어지고 있습니다. 음식은 문화이고, 예술이고, 과학이며, 여기에 하나를 더 추가한다면 행복이란 말도 들어갈 수 있을 것입니다.

　평소 이러한 다양한 음식문화의 발전을 위해 여러 방면으로 노력해 오신 서정희 조리장의 『고급중국요리』 출간을 진심으로 축하드립니다.

　저자인 서정희 조리장은 중국집 배달직원에서 시작해서 지금은 부산 동래구에 유명한 중식당을 경영하고 지역사회를 위해 많은 일을 하고 있는 입지전적 인물입니다. IMF 당시에도 위기를 기회로 여겨 끊임없는 연구와 다양한 메뉴개발을 통한 공격적 투자로 사업을 확장시켜 더 큰 도약의 근간을 마련하였습니다.

　자신의 일에 대한 남다른 열정과 자부심은 지금까지 서정희 조리장을 이끌어 온 원동력이라고 생각됩니다. 끊임없이 새로운 것을 추구하고, 새로운 메뉴개발에 몰두하는 모습은 조리인으로서의 긍지와 장인다운 면모를 보여주는 것이라 생각합니다.

　특히 사업체를 운영하는 상황에서도 배움에 대한 열망으로 대학에서 석사과정을 이수하고 또 강의로 자신의 지식을 나눌 뿐 아니라, 우리나라에 맞는 메뉴 개발을 위해 짬짬이 해외를 다니며 새로운 조리기술을 습득하는 모습은 많은 이들에게 귀감이 되기에 충분합니다.

　이 책은 저자가 삶으로 몸소 익히고 노력해온 중국요리에 대한 폭넓은 이해와 남다른 깊이를 가지고 조리인의 길을 가고자 하는 분들을 위해 고심하여 집필한 것으로 알고 있습니다.
　현장에서 직접 체득하고 공부하며 가르쳐온 저자의 자취들이 고스란히 담겨 있는 만큼 같은 길을 가고자 준비하는 많은 조리인들에게 좋은 길잡이 역할을 할 것이라 기대합니다.

2011
국회의원 이 진 복

Contents

중식조리기능장 연도별 출제현황
중식조리기능장 수험자 필독사항
Cooking Point

기출문제 및 예상문제(가나다 순)

주요리

가상해삼(家常海参 가상해삼) 16
건소하인(乾燒蝦仁 건소하인)-새우칠리소스 20
게살두부(蟹肉豆腐 해육두부) 24
게살샥스핀(蟹肉魚翅 해육어시) 28
게살샥스핀수프(蟹肉魚翅湯 해육어시탕) 32
게살수프(蟹肉湯 해육탕) 36
게살팽이수프(蟹肉金針菇湯 해육금침고탕) 40
궁보기정(宮保鷄丁 궁보계정) 44
꿔타기(鍋塌鷄 과탑계) 48
동파육(東坡肉 동파육) 52
두 가지 해물볶음(爆雙取 폭쌍취) 56
라조육(辣椒肉 랄초육) 60
량반하이시엔(凉拌海鮮 량반해선) 64
매운고추돼지고기볶음(宮保肉丁 궁보육정) 68
부용게살(芙蓉蟹肉 부용해육) 72
부용관자(芙蓉干貝 부용간패) 76
불도장(佛跳墻 불도장) 80
산라탕(酸辣湯 산랄탕) 84
삼선 짬뽕(三鮮炒碼麵 삼선초마면) 88
삼선두반두부(三鮮豆瓣豆腐 삼선두판두부) 92
삼선어치(三鮮魚翅 삼선어시) 96
삼선초면(三鮮炒麵 삼선초면) 100

삼품냉채(三品冷菜 삼품냉채) 104
새우누룽지탕(蝦仁鍋巴 하인과파) 108
새우완자(蝦仁丸子 하인환자) 112
서호탕(西湖湯 서호탕) 116
송이전복(松栮鮑魚 송이포어) 120
어향육사(魚香肉絲 어향육사) 124
오품냉채(五品冷菜) 128
왕새우튀김(炸大蝦 작대하) 132
요과기정(腰果鷄丁 요과계정) 136
우럭찜(淸蒸鮮魚 청증선어) 140
일품해삼(一品海蔘 일품해삼) 144
전가복(全家福 전가복) 148
찐만두(蒸餃子 증교자) 152
청경채우육편(靑菜牛肉片 청채우육편) 156
탕수우육(糖醋牛肉 당초우육) 160
해물누룽지탕(鍋巴海鮮 과파해선) 164
해삼과 삼겹살(海蔘五花肉 해삼오화육) 168
홍소삼사어치(紅燒三絲魚翅 홍소삼사어시) 172
홍소양두부(紅燒洋豆腐 홍소양두부) 176
홍소해선(紅燒海鮮 홍소해선) 180
회과육(回鍋肉 회과육) 184

후식류

빠스바나나(拔絲香蕉 발사향초) 188

빠스은행(拔絲銀杏 발사은행) 192

빠스사과(拔絲苹果 발사평과) 196

빠스수박(拔絲西瓜 발사서과) 200

빠스달걀(拔絲鷄蛋 발사계단) 204

빠스찹쌀떡(拔絲元宵 발사원소) 208

멜론시미로(蜜瓜西米露 밀과서미로) 212

지마구(芝麻球 지마구) 216

행인두부(杏仁豆腐 행인두부) 220

특허요리

1. 팔보오리탕(八寶鴨湯 팔보압탕) 224
2. 녹즙면말이새우(綠汁海蝦卷 녹즙해하권) 227

중식 조리기능장 연도별 출제현황

출제연도		출제 요리
2002. 05. 27	★	게살두부, 가상해삼
2003. 05. 21	★★★	게살팽이수프, 두 가지 해물볶음(폭쌍취), 어향육사
2003. 09. 04	★★★	량반하이시엔, 게살샥스핀수프, 왕새우튀김, 사과빠스 (냉채 장식으로 당근카빙)
2004. 05. 17	★★★	오품냉채, 산라탕, 새우완자 (냉채 장식으로 당근카빙)
2004. 09. 01	★★	홍소삼사어치, 건소하인, 찐만두, 은행빠스
2005. 05. 27	★★	게살샥스핀, 서호탕, 삼선두반장두부 매운고추돼지볶음(궁보육정)
2005. 08. 22	★★★	량반하이시엔, 게살샥스핀수프, 왕새우튀김, 사과빠스 (냉채 장식으로 당근카빙)
2006. 05. 30	★★	삼품냉채, 게살수프, 전가복 (냉채 장식으로 당근카빙)
2006. 09. 06	★★★	오품냉채, 산라탕, 새우완자 (냉채 장식으로 당근카빙)

출제연도		출제 요리
2007. 05. 30	★★★	게살팽이수프, 두 가지 해물볶음(폭쌍취), 어향육사
2007. 09. 04	★	부용게살, 가상해삼, 은행빠스
2008. 05. 27	★	부용관자, 삼선어치, 꿔타기
2008. 09. 02	★★	게살샥스핀, 서호탕, 삼선두반장두부 매운고추돼지볶음(궁보육정)
2009. 05. 20	★★	홍소삼사어치, 건소하인, 찐만두, 은행빠스
2009. 09. 04	★★★	량반하이시엔, 게살샥스핀수프, 왕새우튀김, 사과빠스 (냉채 장식으로 당근카빙)
2010. 05. 25	★★	삼품냉채, 게살수프, 전가복 (냉채 장식으로 당근카빙)
2010. 09. 01	★★★	게살팽이수프, 두 가지 해물볶음(폭쌍취), 어향육사
2011. 06. 08	★	량반하이시엔, 궁보기정, 홍소양두부, 빠스바나나 (냉채 장식으로 당근 카빙)
2011. 10. 05	★★★	오품냉채, 새우완자, 산라탕 (냉채 장식으로 당근카빙)

중식 조리기능장 수험자 필독사항

시험장 준비사항

1. 수험자는 시험장에 입실하여, 실기시험 필요한 소도구(칼, 국자, 볶음팬, 육수팬, 튀김팬, 행주 등) 준비와 재료목록을 확인한다.
2. 시험지 메뉴 확인 후, 각 요리마다 요구사항 점검과 요리순서를 머릿속으로 정리한다.
3. 조리기능장 시험은 가스레인지를 2구 사용하도록 허용되므로, 불사용을 적절하게 해야 시간을 절약할 수 있다. 요리 시 시간절약을 위해 먼저 한쪽 레인지에 육수팬을 올려 육수물을 가득 끓이고, 다른 쪽 레인지에 요리데침용 물을 가득 끓인다. 이어서 튀김팬을 예열한다.
4. 야채와 해물, 육류 등을 씻으면서 야채와 해물, 육류 등을 분류해서 종류별로 각각 접시에 담아둔다.(세심한 재료 분류가 요구되며, 잘못하면 실격처리가 될 수 있다.)
5. 재료별로 분류한 각 접시마다 재료 손질을 해두는데, 데쳐서 바로 볶음을 할 수 있는 단계까지 전 처리를 해둔다.
6. 전 처리 재료 손질 후, 시험 문제에서 요구하는 순서대로(①, ②, ③, ④) 요리를 완성해, 접시에 소복하게 담아낸다.(마지막 요리 제출 시 등번호도 함께 제출한다.)
7. 전체요리 완성 후 제출하고, 뒷정리와 청소를 한 후 퇴실한다.

수험자 유의사항

가. 조리기능장으로서 갖추어야 할 숙련도, 재료관리, 작품의 예술성을 나타내야 한다.
나. 검정시설은 지정된 것을 사용하여야 하고, 지정된 지참공구 목록 이외의 조리기구나 재료는 시험장 내에서 지참할 수 없다.
다. 시험장 내에서는 정숙하여야 한다.
라. 지정된 장소를 이탈할 경우 감독위원의 사전 승인을 받아야 한다.
마. 조리기구 중 가스레인지 및 칼 등을 사용할 때에는 안전에 유념한다.
바. 지급재료는 1회에 한하며 추가지급은 하지 않는다. 다만, 검정 시행 전 수험자가 사전에 지급된 재료를 검수하여 불량재료 또는 지급된 양이 부족하다고 판단될 경우에는 즉시 시험위원에게 통보하여 교환 또는 추가지급을 받도록 한다.
사. 지급된 재료는 1인분을 기준한 것이므로 최대한 활용하도록 한다.
아. 감독위원이 요구하는 작품이 두 가지 이상인 경우는 두 가지 이상의 요리를 모두 선택분야별로 지정되어 있는 표준시간 내에 완성하여야 한다. 표준시간을 초과할 경우 연장시간을 10분까지 허용하며, 연장시간 활용 시에는 5점이 감점되고, 연장시간 10분을 초과할 경우 미완성으로 채점대상에서 제외된다.
자. 요구된 작품을 모두 완성하지 못하였을 때는 미완성으로 채점대상에서 제외한다.
차. 불을 사용하여 만들어야 하는 조리작품에 불을 사용하지 않은 경우나 불을 사용하여 만든 조리작품이 작품특성에 벗어나는 정도로 타거나 익지 않았을 경우 미완성으로 채점대상에서 제외한다.
카. 문제의 요구사항대로 작품의 수량이 만들어지지 않은 경우는 미완성으로, 요리의 형태를 다르게 만든 경우는 오작으로 채점대상에서 제외한다.
타. 검정이 완료되면 작품을 감독위원이 지시하는 장소에 신속히 제출하여야 한다.
파. 작품을 제출한 다음 본인이 조리한 장소의 주변 등을 깨끗이 청소하고 조리기구 등을 정리 정돈한 후 감독위원의 지시에 따라 시험실을 퇴장한다.

요구사항

수험자가 평소 잘 알고 있는 요리일지라도 반드시 요구사항을 숙지한 후, 그에 맞게 만들어야 한다. 중국요리는 풀코스 및 즉석요리로 곧바로 조리할 수 있도록 재료손질과 칼질 등을 미리 해두고, 요구사항에 제시된 순번대로 (1), (2), (3), (4) 요리를 만들어야 한다.

중국요리 연회

중국요리는 만한전석 황제요리를 본 바탕으로 연회요리를 구성한다고 보며, 연회요리의 순서는 **전채 → 두채 → 주채 → 탕채 → 면점 → 첨채** 순으로 제공된다.

① **전채(前菜)** 주로 냉채요리(찬요리)가 제공되며 식욕을 돋우는 역할을 한다. 두 종류 이상의 냉채를 모아서 담은 것으로 대개 술안주로 쓰이는 음식을 각각 다른 종류로 4가지 혹은 8가지의 요리를 담아 내거나 또는 큰 접시에 함께 담아 내기도 한다.

(오품냉채, 삼품냉채, 삼선냉채 등)

② **두채(頭菜)** 고급재료를 이용하여 만든 부드럽고 따뜻한 맑은 탕요리로 마른전복, 샥스핀과 제비집 게살 등이 이용된다.

(불도장, 제비집수프, 송이수프, 샥스핀게살수프, 게살팽이수프, 게살수프 등)

③ **주채(主菜)** 주요리를 말한다. 소화기능과 입맛을 고려하여 해물요리, 고기요리, 두부요리, 야채요리로 구성된다.

(게살샥스핀, 삼사어치, 삼선어치, 전가복, 가상해삼, 생선찜, 홍소양두부, 건소하인 등)

④ **탕채(湯菜)** 탕채요리는 소화를 돕는 국물요리를 말한다. 탕채는 다른 요리를 다 낸 후 연회의 후반부인 면점 앞에 낸다.

(서호탕, 생선완자탕, 새우완자탕, 북경오리탕, 야채두부탕, 닭탕 등)

⑤ **면점(面点)** 쌀, 쌀가루, 밀가루 등을 주재료로 만든 음식으로 밥, 면류, 만두, 포자, 등이 포함된다.

(북방지역 – 자장면, 만두 화권 같은 밀가루 음식, 남방지역 – 밥종류, 볶음밥)

⑥ **첨채(甛菜)** 단맛의 후식을 말하며, 첨채요리는 소금을 절대 첨가하지 않는 요리이다.

(빠스윈쑈우, 지마구, 빠스고구마, 빠스옥수수, 빠스바나나, 빠스수박, 빠스사과 등)

Cooking Point

❶ 당근꽃 파기

- 당근을 4~5cm 길이로 잘라 한쪽 면은 비스듬하게 45°로 절단하여 정오각형으로 밑둥을 만들고 반대쪽은 둥글게 다듬어준다.
- 절단 오각형에 1단 꽃잎을 만들기 위해 돌려가며 다듬어 주고, 0.3cm 뚜께로 비스듬하게 45°각도로 꽃잎 5개를 만든다.
- 2단 꽃잎을 만들기 위해 오각형을 돌려가며 다듬어 주고 꽃잎과 꽃잎 중간에서 비스듬하게(45°) 홈을 돌려가며 5개를 만든 다음 0.3cm 뚜께로 비스듬하게(45°) 꽃잎 5개를 만든다.
- 이렇게 4, 5단까지 반복해서 만들어 완성한다.
- 당근꽃 파기는 10분 이내에 완성해야 하며, 30개 이상 반복 연습해야 숙련될 수 있다.

❷ 파기름 만들기

- 대파는 1cm 길이로 토막 썰고, 생강은 넓적하게 편으로 썬다.
- 팬에 식용유 3T를 두르고 대파와 생강을 넣고 끓인다.(대파, 마늘, 생강의 양은 1T 정도로 한다.)
- 중국요리에서 보통 대파, 생강을 다지거나 잘게 썰어서 사용하나 수프요리는 깔끔해야 하므로 파기름을 내어 사용한다.)

❸ 돼지고기 기름에 후아(滑, hua)하기
- 채썬 돼지고기의 핏물을 제거한 후, 튀김볼에 담고 계란 흰자 1/2T, 간장 1/2T, 청주 2t, 전분 2T을 넣고 버무린다.
- 40~50℃의 미지근한 기름에 넣고 젓가락으로 잘 저어가며 강불로 올려 익힌다.
- 체에 건져 기름을 빼준다.

❹ 고추기름 만들기
볶음팬에 고춧가루 2T, 식용유 4T, 대파, 생강을 넣고 끓여, 색깔이 선명하고 고소한 향이 나면 체(면보)에 걸러 준다.

❺ 경단 만들기
- 숙성시킨 반죽을 도마에서 잘 치대어 가래떡처럼 길게 1cm 두께로 늘인다.
- 2cm 길이로 12개 정도 덩어리를 만든다.
- 양손에 하나씩 들고 쥐었다 폈다 한 후 엄지손가락으로 중앙을 꾹 눌러 주고, 그 안에 팥앙금 완자를 넣고, 찹쌀로 덮어 한 번 더 꾹 눌러준 후 양손으로 비벼 12개의 경단을 만들어 놓는다.

❻ 튀김 적정온도 알기
튀김옷을 한방울 떨어뜨려 봐서 바로 떠오르면 적정온도로 본다.

❼ 종합소스 만들기
뜨거운 물 3T, 간장 1T, 설탕 1T, 후춧가루 1/2t, 굴소스 1T, 물전분 2t을 섞는다.

Master Craftsman Cook, Chinese Food

高級 고급중국요리
中國料理

- 주요리
- 후식류
- 특허요리

해삼류

Master Craftsman Cook,
Chinese Food

가상해삼
(家常海参 가상해삼)

요구사항

가. 고기는 잘게 다져 사용하시오.
나. 해삼은 끓는 물에 데쳐 사용하시오.
다. 소스의 농도와 색에 유의하시오.

재 료

불린 해삼 大 1마리(中 2마리), 돼지고기(등심) 80g, 청경채 1개,
대파 1/2토막(흰 부분), 마늘 2쪽, 생강 약간, 두반장 $\frac{1}{2}$T, 고추기름 2T,
굴소스 1T, 설탕 2t, 후춧가루, 간장 1T, 청주 1T, 물육수 100cc, 참기름 2t

가상해삼
(家常海参 가상해삼)

Cooking Point!!

① 고추기름이 지급되지 않으면, 반드시 고추기름을 만들어서 사용해야 한다.
　(약간 매콤한 요리임)
② 불이 약할 때는 물 50cc, 불이 셀 때는 물 100cc를 사용한다.
③ 홍고추가 지급되면 송송 썰어 사용한다.
④ 청경채는 사용하지 않아도 된다.(현장에서는 사용하지 않는다.)
⑤ 해삼을 불리지 않고 볶음 직전 끓는 물에 넣고 데친 후 찬물에 헹궈 사용하면 안 된다.(감점)

만드는 방법

Master Craftsman Cook, Chinese Food

**육수팬에 물을 끓이고 튀김팬에 기름을 올린다.
담을 접시를 준비한 다음 재료들을 씻어 손질한다.**

<<< 준비단계

- 불린 해삼은 5cm 길이로 잘라, 해삼 안쪽 폭 3cm에서, 포를 뜨듯이 넓적하게 편으로 썬다.
- 돼지고기는 편으로 썰어 모아 채 썰고 다시 잘게 다진다.(돼지민찌)
- 대파는 +자로 칼집을 넣어 송송 썬다.
- 생강, 마늘은 잘게 다진다.
- 청경채는 뿌리 쪽 2cm에서 자른 후 5cm 길이로 자른다.
- 해삼, 청경채는 볶기 전에 미리 데쳐 체에 건져 물기를 뺀다.
- 가상해삼 담을 접시를 준비한다.

1. 볶음팬을 달궈 고추기름 1T을 두르고 다진 고기를 넣어 국자로 저으면서 골고루 볶는다.

2. 고기가 익으면 간장 1T을 넣어 간하고, 대파, 생강, 마늘, 두반장 1/2T, 청주 1T, 데쳐놓은 해삼, 청경채를 넣고 살짝 볶다가 끓여놓은 육수 100cc를 넣는다.

3. 굴소스 1/2T, 설탕 2t, 후춧가루 약간을 넣어 고루 섞다가 물전분 2T을 2~3번에 나누어 농도를 걸쭉하게 맞춘다.

4. 참기름 2t 고추기름 1T을 넣고 버무려서 요리에 윤기가 나도록 살짝 볶아준다.

5. 준비된 접시에 요리가 퍼지지 않게 소복하게 담는다.
(육수량과 전분농도를 맞추는 것이 중요하다.)

요리완성

高級中國料理　19

새우류

Master Craftsman Cook,
Chinese Food

건소하인
(乾燒蝦仁 건소하인) - 새우칠리소스

요구사항

가. 새우는 내장을 제거하여 사용하시오.
나. 간소하인의 맛은 매운맛, 신맛, 단맛이 나도록 하시오.

재료
새우 200g, 대파 1/2개, 생강 5g, 마늘 3쪽, 달걀 1개, 전분, 고추기름 2T, 두반장 1/2T 케첩 4T, 물 200cc

건소하인
(乾燒蝦仁 건소하인)-새우칠리소스

🍲 Cooking Point !!

❶ 새우는 칼집을 내어 내장을 제거한 후 튀겨야 한다.
❷ 건소하인은 농도에 유의한다.
❸ 마지막에 고추기름을 넣으므로 요리에 윤기가 흘러 더욱 먹음직스럽다.
❹ 새우칠리소스에 양상추를 곁들여 먹으면 아삭함과 신선함을 맛볼 수 있다.

Master Craftsman Cook, Chinese Food

만드는 방법

요리완성

**육수팬에 물을 끓이고 튀김팬에 기름을 올린다.
담을 접시를 준비한 다음 재료들을 씻어 손질한다.**

<<< 준비단계

- 새우는 이쑤시개를 이용하거나 칼로 등을 살짝 저며 내장을 제거한 후, 깨끗히 손질해 둔다.
- 대파 1T, 마늘 1/2T, 생강 1t을 잘게 썰어 담아둔다.
- 튀김팬에 기름을 가열하면서, 손질한 새우를 튀김볼에 담아 청주 2t와 달걀노른자 1개를 넣어 버무리고, 마른 전분을 새우 양만큼 넣어 쫀득하게 반죽을 해둔다.

1 기름이 적정 온도(150℃ 정도)가 되면 새우를 뿌리듯 넣어 익으면 조리에 건져 기름을 빼준다.
(건소하인 담을 접시를 준비한다.)

2 볶음팬에 고추기름 1T을 두르고 잘게 썰어놓은 대파, 생강, 마늘을 넣어 살짝 볶다가 청주 1T와 간장 2t을 넣어 향을 낸 후 두반장 1/2T, 케첩 4T을 넣고 볶는다.

3 끓인 육수 200cc와 설탕 4T으로 양념을 한 후 소스가 끓으면 물전분 2T을 2~3번에 나누어 걸쭉해지면 튀겨낸 새우를 넣고 버무리면서 고추기름 1T과 참기름 1/2T을 넣어 재빨리 버무려 준비한 접시에 소복하게 담는다.

Master Craftsman Cook, Chinese Food

두부류

게살두부
(蟹肉豆腐 해육두부)

요구사항

가. 두부를 썰어서 바삭하게 튀기시오.
나. 게살은 찢어서 사용하시오.
다. 소스농도에 유의하시오.

재 료

두부 1모, 게살 100g, 청경채 1개, 대파, 마늘, 생강, 식용유, 청주 1T, 간장 2T, 물(육수) 250CC, 백후춧가루, 물전분, 치킨스톡(소금) 1t, 참기름 2t

게살두부
(蟹肉豆腐 해육두부)

Cooking Point !!

❶ 전분을 풀 때는 팬을 들어서 원형으로 돌리면서 묽게 한 물전분을 2~3번에 나누어 풀어주는 것이 좋다.
　이렇게 하지 않으면 두부가 깨지거나 물전분으로 인해 덩어리가 질 수 있다.
❷ 두부는 튀기지 않고 끓는 물에 데쳐 사용할 수도 있다.
❸ 소금이나 치킨파우더를 사용한다.

Master Craftsman Cook, Chinese Food

만드는 방법

육수팬에 물을 끓이고 튀김팬에 기름을 올린다.
담을 접시를 준비한 다음 재료들을 씻어 손질한다.

<<< 준비단계

- 게살은 손으로 찢어 둔다.
- 두부는 직사각으로 6등분한 다음
- 두께 1cm의 정사각형(4cm×5cm)으로 8개를 썬다.
- 대파, 생강, 마늘은 편으로 썬다.

1 튀김팬에 기름을 끓여,
   두부를 기름에 노릇하게 바싹 튀겨 낸다.

2 게살두부 담을 접시를 준비한다.

3 볶음팬을 달궈 식용유 1T을 두르고
   대파, 마늘, 생강을 볶아 향을 내고
   청주 1T, 간장 2t, 끓여놓은 육수 250CC를 넣는다.

4 게살과 바싹 튀긴 두부를 넣고 센불로 1분 정도 조려
   육수 양이 반으로 줄면, 백후추 1t을 넣고,
   볶음팬을 들어 원형으로 돌리면서
   묽게 한 물 전분 2T을 두세 번에 나눠 넣어
   농도를 맞추면서 살짝 끓인다.

5 참기름 2t을 넣어 향을 낸 후
   준비한 접시에 먼저 두부를 일정한 간격으로 담고
   게살과 소스를 중앙에 소복하게 담아낸다.

요리완성

高級中國料理

상어 지느러미류

Master Craftsman Cook, Chinese Food

게살샥스핀
(蟹肉魚翅 해육어시)

요구사항

가. 달걀흰자는 잘 풀어 뭉치지 않게 하시오.
나. 게살은 찢어서 사용하시오.
다. 샥스핀(어치)은 뜨겁게 데쳐서 사용하시오.

재료

게살 100g, 팽이버섯 1봉지, 표고버섯 1개, 새우살 8개, 해삼 1마리, 샥스핀 5g, 죽순 30g, 달걀 2개, 대파 1개, 마늘 3쪽, 생강 5g, 청주 2T, 간장 1/2T, 굴소스 1t, 치킨스톡 1t , 물전분, 참기름 2t

게살샥스핀
(蟹肉魚翅 해육어시)

Cooking Point !!
❶ 모든 재료가 익힌 것이므로 오래 볶지 않는다.
❷ 샥스핀은 찜통에 찔 수도 있고, 뜨거운 물에 데쳐 사용할 수도 있다.
　(수험자는 요구사항에 유의한다.)

 **만드는 방법**

Master Craftsman Cook, Chinese Food

**육수팬에 물을 끓이면서 담을 접시를 준비한 후,
재료들을 씻어 손질한다.**

<<< 준비단계

- 작은 접시에 샥스핀을 담고,
  청주 1T, 대파 흰 부분 3cm 크기 1개, 생강 편썰어 1개를 담아
  찜통에 10분 이내로 쪄낸다.

- 생강과 대파는 버리고 물기 제거 후 접시에 담아둔다.

- 게살은 손으로 한 번 정도 찢어 놓고,
  새우는 내장을 제거하고, 죽순은 포 떠서 채썬다.
  표고버섯은 불려서 포를 떠 포개어 채썰고,
  해삼은 원형대로 0.3cm 두께로 채썰고,
  팽이버섯은 5cm 길이로 잘라두고,
  대파 3cm, 생강 2cm, 마늘 2cm 길이로 채썰어 담아둔다.

- 달걀흰자 2개에 물 1T을 넣어 풀어서 거품을 많이 낸다.

- 새우 기름에 滑(후아)하기
  튀김팬을 가열하여 120℃ 정도에서 약불로 한다.
  내장을 제거한 새우에 청주 2t, 달걀노른자 1/2T, 마른전분 2T을 넣고 버무린다.
  튀김팬에 새우를 뿌리듯 넣어, 익으면 조리에 건져 기름을 빼준다.

1. 육수팬에 물이 끓으면, 데침용 조리대에 죽순, 표고, 해삼을 넣고 데친 후
   물기를 제거해 둔다.
   (게살샥스핀 요리를 담을 접시를 준비한다.)

2. 볶음팬을 가열하여 기름 1T을 두르고 대파, 마늘, 생강을 넣고 살짝 볶다가
   청주 1T, 간장 1/2T을 넣고 향을 낸 후, 데친 야채를 넣고 볶는다.

3. 끓인 육수 150cc을 붓고 끓이면서, 굴소스 1t, 치킨스톡 1t을 넣고,
   익힌 새우, 게살, 팽이버섯을 넣고 끓으면
   물전분 2T을 2~3번에 나누어 넣으면서 농도를 맞춘다.

4. 거품을 낸 달걀흰자를 국자에 담아 돌리며 풀어 주고
   익기 시작하면 국자로 살살 저어 섞는다.
   참기름 2t을 넣고 준비된 접시에 소복하게 담는다.

요리완성

高級中國料理 31

수프류

Master Craftsman Cook,
Chinese Food

게살샥스핀수프
(蟹肉魚翅湯 해육어시탕)

요구사항

가. 게살은 찜기에 찐 후 찢어 사용하시오
나. 샥스핀은 물에 데쳐서 사용하시오.
다. 수프는 너무 되거나 질지 않도록 하시오.

재료
샥스핀 20g, 게살 50g, 달걀 1개, 생강 약간, 대파, 마늘, 청주 2T, 육수 3국자, 국간장, 치킨스톡 1t, 후추·참기름 소량, 물 녹말 적당량

게살샥스핀수프
(蟹肉魚翅湯 해육어시탕)

Cooking Point !!

1. 샥스핀은 찜통에 쪄서 사용하는 것이 원칙이나, 뜨거운 물에 담갔다가 물기를 뺀 후 사용할 수도 있다.
2. 달걀흰자는 뭉치지 않게 잘 풀어야 하며, 게살은 한 번 정도 찢어 사용한다.
3. 수프는 너무 되거나 질지 않도록 농도에 주의한다.
4. 미리 완성했을 경우에는 덮어 두어야 겉이 마르지 않는다.
5. 물전분보다 달걀을 먼저 풀면 지저분하다.
6. 시험에서는 순서가 틀리면 감점된다.

Master Craftsman Cook, Chinese Food

만드는 방법

육수팬에 물을 끓이면서 담을 접시를 준비한 후,
재료들을 씻어 손질한다.

<<< 준비단계

- 게살은 손으로 한 번 정도 찢는다.
  작은 접시에 샥스핀과 청주 1T, 대파 흰 부분 3cm 크기 1개,
  생강 편썬 것 1개를 담아, 찜통에 넣어 10분 이내로 찐다.
  생강 대파는 버리고, 샥스핀의 물기를 제거해 둔다.

- 파기름 만들기
  - 대파는 1cm 길이로 토막 썰고, 생강은 넓적하게 편으로 썬다.
  - 팬에 식용유 3T를 두르고 대파와 생강을 넣고 끓인다.
    (대파, 마늘, 생강의 양은 1T 정도로 한다.)

- 볼그릇에 달걀흰자 1개를 물 1T와 섞어 거품이 많이 나게 저어 놓는다.

- 게살샥스핀수프 담을 그릇을 준비한다.

1 볶음팬을 달궈 파기름 1/2T을 두르고
청주 1/2T을 넣어 향을 낸 후,
끓여놓은 육수 150cc를 붓고
게살과 치킨스톡 1t, 국간장 1t, 후춧가루 1/5t을 넣는다.

2 끓으면 물전분 2T을 2~3번에 나누어
농도를 묽게(흐르게) 맞춰 살짝 끓인 후
흰자 거품 낸 것을 한 번 더 거품 내어 넣는다.

3 이때 달걀흰자가 너무 뭉치지 않게 살짝 저어주고
참기름 1t을 넣은 후 준비된 그릇에 담아낸다.
(수프를 담을 때는 게살이 위에 보이도록 하고
준비한 샥스핀을 중앙에 소복하게 담는다.)

요리완성

高級中國料理

수프류

Master Craftsman Cook,
Chinese Food

게살수프
(蟹肉湯 해육탕)

요구사항

가. 게살은 가늘게 찢어서 사용하시오.
나. 달걀흰자는 잘 풀어 뭉치지 않도록 하시오.
다. 수프는 너무 되거나 질지 않도록 하시오.

재료
게살 50g, 파기름(식용유 1/2T, 파채, 생강채, 마늘채), 청주 1T, 물 300cc(3국자), 소금 약간, 간장 약간, 치킨스톡 1t, 달걀 1개, 물 전분 적당량

게살수프
(蟹肉湯 해육탕)

🍲 Cooking Point !!

① 달걀 흰자는 뭉치지 않게 잘 풀고 게살은 한 번 정도 찢어 사용한다.
② 수프는 너무 되거나 질지 않도록 농도에 주의한다.
③ 미리 완성 시 덮어 두어야 겉이 마르지 않는다.
④ 물 전분보다 달걀을 먼저 풀면 지저분하다.
⑤ 시험에서 순서가 틀리면 감점된다.

 **만드는 방법**

**육수팬에 물을 끓이면서 담을 접시를 준비한 후,
재료들을 씻어 손질한다.**

<<< 준비단계

- 게살은 손으로 한 번 정도 찢어준다.

- 파기름을 만든다.
  대파는 1cm 길이로 토막 썰고,
  생강은 넓적하게 편으로 썬다.
  팬에 식용유 3T을 두르고 대파와 생강을 넣고 끓인다.
  (대파, 마늘, 생강의 양은 1T 정도로 한다.)

- 볼에 달걀흰자 1개 분량과 물 1T을 넣고
  거품기나 숟가락으로 저어 놓는다.

- 게살수프 담을 그릇을 준비한다.

1 볶음팬을 달궈 파기름 1/2T을 두르고 청주 1/2T로 향을 낸 후
   끓여놓은 육수 150cc를 붓고 게살, 치킨스톡 1t, 간장 1t을 넣는다.

2 끓으면 물 전분 2T을 2~3번에 나눠 농도를 묽게 맞춘 후,
   살짝 끓여 흰자 거품 낸 것을 넣는다.
   이때 달걀흰자가 뭉치지 않게 살짝 저어 주면서
   참기름 1t을 넣고 준비된 그릇에 담아낸다.
   (수프를 담을 때는 게살이 위에 보이도록 담는다.)

요리완성

Master Craftsman Cook, Chinese Food

수프류

게살팽이수프
(蟹肉金針菇湯 해육금침고탕)

요구사항

가. 게살은 가늘게 찢어 사용하시오.
나. 달걀흰자는 잘 풀어 뭉치지 않도록 하시오.
다. 수프는 너무 되거나 질지 않도록 하시오.

재 료
게살 50g, 팽이버섯 1/2봉, 청주 1/2T, 육수 150cc, 국간장 1t, 달걀 1개, 치킨스톡 1t, 물전분, 참기름, 파기름(대파, 마늘, 생강), 후춧가루 1/5t

게살팽이수프
(蟹肉金針菇湯 해육금침고탕)

Cooking Point !!

① 달걀흰자는 뭉치지 않게 잘 풀어서 사용하며, 게살은 한번 정도 찢어 사용한다.
② 수프는 너무 되거나 질지 않도록 해야 한다.
③ 미리 완성 시 덮어 두어야 겉이 마르지 않는다.
④ 보통의 경우 대파, 생강을 다지거나 잘게 썰어서 사용하나 수프요리는 깔끔해야 하므로 파기름을 내어 사용한다.

Master Craftsman Cook, Chinese Food

**육수팬에 물을 끓이고, 담을 접시를 준비한 후
재료들을 씻어 손질한다.**

<<< 준비단계

- 게살은 손으로 한 번 정도 찢는다.
- 팽이 버섯은 뿌리 쪽을 제거하고 5cm 길이로 썰어 접시에 담아둔다.
- 파기름을 만든다.
  대파는 1cm 길이로 토막 썰고, 생강은 넓적하게 편으로 썬다.
  팬에 식용유 3T를 두르고 대파와 생강을 넣고 끓인다.
  (대파, 마늘, 생강의 양은 1T 정도로 한다.)
- 볼에 달걀흰자 1개와 물 1T을 넣어 거품이 많이 나게 저어 놓는다.
- 게살팽이수프 담을 그릇을 준비한다.

1 볶음팬을 달궈 파기름 1/2T을 두르고 청주 1/2T을 넣어 향을 낸 후
   끓여놓은 육수 150cc을 붓는다.
   게살과 팽이버섯을 같이 넣고,
   치킨스톡 1t, 국간장 1t, 후춧가루 1/5t을 넣고 간을 맞춘다.

2 끓으면 물전분 2T을 2~3번에 나누어
   농도를 묽게(흐르게) 맞추어 살짝 끓인 다음
   흰자 거품 낸 것을 한 번 더 거품을 내어 넣는다.
   이때 달걀흰자는 너무 뭉치지 않게 살짝 저어 주면서 하얀구름처럼 만든다.
   참기름 1t을 넣고 준비된 그릇에 담아낸다.
   (수프를 담을 때 게살과 팽이버섯이 위에 보이도록 한다.)

요리완성

가금류

Master Craftsman Cook,
Chinese Food

궁보기정
(宮保鷄丁 궁보계정)

요구사항

가. 닭고기는 크기 2cm 정도로 썰어서 하시오.
나. 익히는 정도와 양념 간에 유의하시오.

재료
닭다리 2개, 건고추, 셀러리, 달걀 1개, 청주, 간장, 후춧가루, 전분, 대파, 생강, 마늘, 생땅콩, 간장 1T, 굴소스 1T, 설탕 1T(고봉), 후춧가루 ½T, 물전분, 고추기름 3T

高級中國料理

궁보기정
(宮保鷄丁 궁보계정)

고추기름 만들기

Cooking Point !!
① 고추기름을 만들어 해야 한다.
② 종합소스를 만들어 사용하며, 센불에 빨리 볶아낸다.
③ 건고추의 경우 요리 완성 시 검은색이 아닌 고추색이 그대로 있으면 향이 밖으로 나오지 않았다고 본다.

Master Craftsman Cook, Chinese Food

만드는 방법

육수팬에 물을 끓이고 튀김팬에 기름을 올린다.
담을 접시를 준비하고 재료들을 씻어 손질한다.

<<< 준비단계

- 종합소스와 고추기름을 미리 만든다.
  * 종합소스 : 뜨거운 물 3T, 간장 1T, 설탕 1T, 후춧가루 1/2t, 굴소스 1T, 물전분 2t을 섞는다.
  * 고추기름 : 볶음팬에 고춧가루 2T, 식용유 4T, 대파, 생강을 넣고 끓여, 색깔이 선명하고 고소한 향이 나면 체(면보)에 걸러 준다.

- 닭고기는 뼈를 발라내고 사방 2cm 정도로 썰어
  청주 1T, 간장 1/2T, 후추 1t로 밑간 한 후
  전분 2T과 달걀흰자를 넣고 버무려 놓는다.

- 건고추 씨를 제거한 후 두께 2cm 정도로 어슷하게 썰고,
  셀러리도 두께 1cm 정도로 어슷하게 썰고,
  생강은 다지고, 대파와 마늘은 편 썬다.

1. 튀김팬에 기름을 2컵 정도 넣고
   마른고추와 돼지고기를 같이 넣고 부드럽게 익혀준다.

2. 고기가 익으면 땅콩과 셀러리를 넣고 한번 저어 준 다음 바로 체에 건진다.
   (궁보기정 담을 접시를 준비한다.)

3. 볶음팬에 고추기름 2T을 두르고 건고추를 넣어 매운맛을 우려낸 다음
   대파, 생강, 마늘을 넣고 5초 정도 볶다가 청주 1T을 넣는다.

4. 익혀놓은 닭고기, 땅콩, 셀러리를 넣고,
   종합소스를 부어 센 불에서 빨리 볶다가
   마지막에 고추기름 1/2T를 넣고 버무려, 소복하게 담아낸다.

요리완성

Master Craftsman Cook, Chinese Food

튀김/
조림요리

꿔타기
(鍋塌鷄 과탑계)

요구사항

가. 닭고기는 초벌간 하시오.
나. 닭고기는 타지 않게 튀기시오.
다. 야채는 채로 써시오.

재료
닭다리살(허벅지 포함) 2개, 표고버섯 1개, 죽순 50g, 청피망 1개,
홍고추 1개, 완두콩 1T, 대파 10g, 마늘 1개, 생강 약간(마늘의 ½ 사용),
소금 약간, 간장 1T, 후추 약간, 청주 1T

꿔타기
(鍋塌鷄 과탑계)

Cooking Point !!
1. 꿔타기는 전분을 풀지 않는 요리이다.
2. 불이 세면 물이 약간 더 들어갈 수 있다.(화력에 따라 물을 가감한다.)

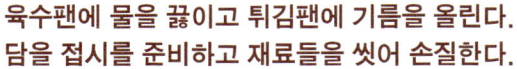

 만드는 방법

육수팬에 물을 끓이고 튀김팬에 기름을 올린다.
담을 접시를 준비하고 재료들을 씻어 손질한다.

<<< 준비단계

- 닭다리의 뼈를 발라내고 살만 포 떠 넓은(큰) 편으로 만든 후, 대파를 반 갈라 송송 썰어 뿌린다.
- 소금 1/2T과 후추 2t, 청주 1T을 뿌려 닭다리살 속으로 양념이 배게 칼등으로 전체를 두드려 잠시 둔다.
- 죽순은 포 떠서 채 썬다.
- 배추는 줄기만 포 떠서 채 썬다.
- 양파는 원형대로 채 썬다.
- 청피망은 씨 제거 후 채 썬다.
- 당근(홍고추)은 편 썰어 채 썬다.
- 파, 마늘은 모두 채 썰어 준비한다.
- 완두콩은 데쳐놓는다.

1 튀김팬에 기름을 가열하면서 달걀 1개, 마른 전분 2T을 넣고 버무려(질게) 튀김옷을 만든다.

2 닭다리에 튀김옷을 묻혀 180℃에서 하나씩 넣고 3분 정도 노릇하고 바삭하게 튀긴다.
(꿔타기 담을 접시를 준비한다.)

3 볶음팬에 식용유 2T을 두르고 파, 생강, 마늘을 살짝 볶고 청주 1T, 간장 1T로 향을 내고 썰어놓은 야채(죽순, 당근, 피망, 배추, 양파)를 넣고, 강한 불에서 볶는다.

4 끓인 육수 100cc를 붓고 굴소스 1t, 후추 1t로 간하면서 튀긴 닭다리 살을 넣고 중불에서 조린다.

5 조려진 닭을 꺼내 먹기 좋은 크기로 썬 다음 접시에 담고, 볶음팬의 졸여진 부재료에 후추 1t, 참기름 1T을 넣고 버무린 소스를 얹어 낸다.

요리완성

돼지
고기류

Master Craftsman Cook,
Chinese Food

동파육
(東坡肉 동파육)

요구사항

가. 삼겹살은 1.5cm 정도의 두께로 썰어 사용하시오.
나. 삼겹살은 너무 질기지 않게 하시오.

재료

삼겹살 300g, 식용유 2컵, 간장 1T, 대파 1개, 생강 1개, 마늘 3개, 팔각 1개, 브로콜리 100g, 소금 조금, 물 2컵, 청주 3T, 간장 4T, 설탕 1T, 치킨파우더 1T, 노두유 1sp, 후춧가루 조금, 물 녹말 2T, 참기름 1T

동파육
(東坡肉 동파육)

Cooking Point !!
① 삼겹살은 크기가 일정해야 하고 잘 튀겨야 한다.
② 소스의 농도에 유의한다.

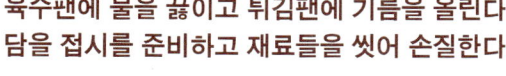

육수팬에 물을 끓이고 튀김팬에 기름을 올린다.
담을 접시를 준비하고 재료들을 씻어 손질한다.

<<< 준비단계

- 육수팬에 삼겹살을 통째로 삶아 기름기를 뺀 후 간장을 발라둔다.
- 간장 바른 삼겹살을 뜨거운 기름에 넣어 튀긴다.
  (뜨거운 기름을 끼얹는 방법도 효과는 같다.
  단, 갈색이 될 때까지 노릇하게 튀긴다.)
- 튀겨낸 삼겹살을 1.5cm 두께로 썰어 찜할 그릇에 담고,
  통으로 썬 대파, 편을 썬 마늘과 생강, 팔각을 넣는다.
- 볶음팬에 끓는 물 150cc, 청주 2T, 간장 1/2T, 설탕 1T,
  치킨파우더 2t, 노두유 1T, 후추 1t을 분량대로 넣고 끓인다.
- 삼겹살을 썰어 그릇에 담고 잠길 만큼의 국물을 부은 후
  찜통에서 1시간 30분 정도 찐 다음 삼겹살만 건져 접시에 담는다.
  (삼겹살찜에서 나온 국물의 기름기는 꼭 걷어낸다.)
- 동파육 담을 접시를 준비한다.

1 브로콜리는 마디 1.5cm 크기로 삼겹살 개수만큼 잘라
   뜨거운 물에 소금을 약간 넣고 데쳐서
   뜨거운 그대로 삼겹살 담은 접시에 둥글게 담는다.

2 볶음팬에 삼겹살찜에서 나온 국물 100cc와 청주 1T을 넣어 끓으면
   물녹말 1T을 2~3번에 나눠 넣어 걸쭉하게 끓인 다음
   참기름 2t을 넣어준다.

3 썰어 놓은 삼겹살찜 위에 소스를 끼얹어 낸다.

요리완성

高級中國料理 55

Master Craftsman Cook, Chinese Food

해물류

두 가지 해물볶음
(爆雙取 폭쌍취)

요구사항

가. 갑오징어 몸살은 칼집을 넣고, 사방 3~4cm 정도의 크기로 썰도록 하시오.
나. 관자살(키조개살)은 칼집을 넣고 굵기 1~1.5cm 정도로 써시오.
다. 야채는 편으로 써시오.
라. 해물은 너무 질기지 않게 볶아내시오.

재료
갑오징어 2마리, 관자 3개, 청피망 1개, 대파, 마늘, 생강, 표고버섯 2개, 홍피망(또는 홍고추) 1개, 양송이버섯 4개, 육수 3T, 굴소스 2t, 소금 1/4t, 간장 1t, 치킨스톡 1t, 물전분 1/2T

두 가지 해물볶음
(爆雙取 폭쌍취)

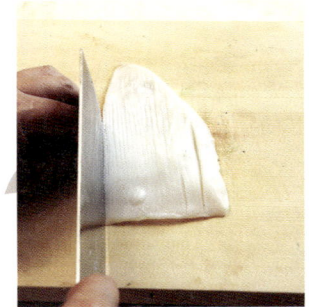  

Cooking Point !!

❶ 갑오징어는 칼집을 넣어 4cm 크기로 썰고, 관자살은 칼집을 넣어 1.5cm 크기로 썰어 끓는 기름에 데쳐서 사용해야 질기지 않다.

❷ 해물은 오래 볶으면 질겨지므로 빠른 속도로 볶아야 한다. 빠르게 볶기 위해 제일 좋은 방법은 "종합소스"를 미리 만들어 놓고 시작하는 것이다.(소스가 흥건하면 안 됨)

　＊종합소스 : 육수 3T, 굴소스 2t, 소금 1/4t, 간장 1t, 치킨스톡 1t, 물전분 1/2T

Master Craftsman Cook, Chinese Food

만드는 방법

육수팬에 물을 끓이고 튀김팬에 기름을 올린다.
담을 접시를 준비한 다음 재료들을 씻어 손질한다.

<<< 준비단계

- 갑오징어 몸살은 길게 잔칼집을 넣은 후,
  2단썰기하여 4cm 크기로 잘라둔다.

- 관자는 질긴 흰 부분을 제거하고 옆면으로 잔칼집을(+로) 넣은 후
  1.5cm 크기로 잘라 둔다.

- 대파는 2cm 길이로 반 잘라 편썰고,
  마늘은 꼭지를 제거한 후 편썰고,
  생강은 다진다.

- 표고버섯은 편썰고, 양송이는 저며서 편썰고,
  청피망, 홍피망은 3cm 길이의 삼각형 모양으로 편썬다.

요리완성

1 튀김팬에 기름을 끓인 후 해물(갑오징어, 관자)을
튀김조리에 담아 잠깐 데친 후
건져 기름을 빼준다.
(폭쌍취 담을 접시를 준비한다.)

2 볶음팬을 달궈 기름 1T을 두른 후
대파, 생강, 마늘을 넣고 볶다가
진간장 1t, 청주 1T로 향을 낸다.
야채(표고버섯, 양송이, 청·홍피망)를 넣어 볶은 후,
끓여놓은 육수 3T을 붓고, 굴소스 2t, 치킨스톡 1t, 후추 1/3t로 간을 맞춘다.

3 소스가 끓으면 기름에 데쳐놓은 해물(갑오징어, 관자)을 넣고,
물전분 1T을 2~3번에 나누어 농도를 걸쭉하게 한 후
참기름 1t을 넣고 버무려, 준비된 접시에 소복하게 담아낸다.

돼지
고기류

Master Craftsman Cook,
Chinese Food

라조육
(辣椒肉 랄초육)

요구사항

가. 돼지고기는 길이 4cm×굵기 1cm 정도로 써시오.
나. 야채는 길이 3cm×굵기 1cm 정도로 써시오.

재 료

돼지고기 150g, 달걀 1개, 녹말가루 60g, 표고버섯 2장, 청피망 1개, 청경채 1개, 홍고추 1개, 죽순 20g, 고추기름 2T, 마른고추 1개, 참기름 1/2T, 대파 1/2대, 마늘 3쪽, 생강 1/2쪽, 청주 1T, 두반장 1T, 육수 200cc, 물녹말 2T, 설탕 2t, 후추 1t, 간장 2T

라조육
(辣椒肉 랄초육)

🍲 Cooking Point !!

❶ 라조육은 소스가 조금 넉넉하면서, 맛은 매콤하며 붉은 색이 나도록 고추기름을 사용한다.

Master Craftsman Cook, Chinese Food

만드는 방법

육수팬에 물을 끓이고 튀김팬에 기름을 올린다.
담을 접시를 준비하고 재료들을 씻어 손질한다.

<<< 준비단계

- 녹말가루를 그릇에 담아 앙금녹말을 담가두고,
  돼지고기는 길이 4cm, 굵기 1cm 정도로 썬 뒤,
  간장 2t, 청주 2t, 후추 1/2t를 넣어 밑간해 둔다.
- 청경채는 밑둥을 자른 후 4cm 정도 썰고
  피망, 표고버섯, 죽순은 3cm 정도 편으로 썬다.
- 홍고추는 씨를 제거한 후 3cm 정도로 어슷하게 썰어둔다.
- 마른 고추는 1cm 정도로 어슷하게 썰어 놓는다.
- 대파, 생강, 마늘은 잘게 썬다.

1. 튀김팬에 기름을 가열하면서,
   밑간한 고기에 달걀 2t과 앙금녹말을 고기 양만큼 넣고 버무려,
   튀김옷을 입혀 노릇하고 바삭하게 튀긴다.
   (라조육 담을 접시를 준비한다.)

2. 볶음팬에 고추기름 1T과 마른고추를 넣어 약간 태우듯 볶다가
   대파, 생강, 마늘을 넣고 볶으면서 청주 1/2T, 간장 1/2T을 넣고 향을 낸다.

3. 나머지 야채(청경채, 피망, 표고버섯, 죽순)를 넣고 볶다가
   육수 200cc와 양념(두반장 1T, 치킨스톡 1t, 설탕 1t, 후추 1/2t)을 넣는다.
   물녹말 2T를 2~3번에 나눠 넣어 농도를 걸쭉하게 맞춘다.

4. 바삭하게 튀긴 고기를 넣고 잘 버무린 다음,
   고추기름 1/2T, 참기름 2t을 넣어 색과 향을 내고
   접시에 소복하게 담아낸다.

요리완성

냉채류

Master Craftsman Cook,
Chinese Food

량반하이시엔
(涼拌海鮮 량반해선)

요구사항
가. 겨자소스를 숙성시켜서 사용하시오.
나. 당근꽃을 조각하시오.

재 료
중새우 4마리, 키조개(관자) 2개, 전복 1개, 불린 해삼 1/2마리, 오이 1개, 겨자가루 1T, 소금 1T, 당근 1/2개, 파슬리 5g

량반하이시엔
(凉拌海鮮 량반해선)

🍲 Cooking Point !!

① 당근을 4~5cm 길이로 잘라 한쪽면은 비스듬하게 45°로 절단하여 정오각형으로 밑둥을 만들고 반대쪽은 둥글게 다듬어준다.

② 절단 오각형에 1단 꽃잎을 만들기 위해 돌려가며 다듬어 주고, 0.3cm 두께로 비스듬하게 45° 각도로 꽃잎 5개를 만든다.
2단 꽃잎을 만들기 위해 오각형을 돌려가며 다듬어 주고 꽃잎과 꽃잎 중간에서 비스듬하게(45°) 홈을 돌려가며 5개를 만든 다음 0.3cm 두께로 비스듬하게(45°) 꽃잎 5개를 만든다.

③ 이렇게 4, 5단까지 반복해서 만들어 완성한다.

＊참고 - 당근꽃 파기는 10분 이내에 완성해야 하며, 30개 이상 반복 연습해야 숙련될 수 있다.
＊종합소스 : 육수 3T, 굴소스 2t, 소금 1/4t, 간장 1t, 치킨스톡 1t, 물전분 1/2T

Master Craftsman Cook, Chinese Food

만드는 방법

**육수팬에 물을 끓인다.
담을 접시를 준비한 다음 재료들을 씻어 손질한다.**

<<< 준비단계

- 겨자 1T을 뜨거운 물 1T에 되직하게,
  매운 냄새가 나도록 3분 이상 개어서 20분 정도 발효시킨다.

- 끓는 물에 전복을 껍질째 삶아 찬물에 식히고,
  해삼도 끓는 물에 살짝 데쳐 찬물에 식힌다.

- 새우는 껍질째 등쪽 내장을 제거한다.

- 키조개살의 질긴 흰 부분을 떼어 내고, 두께 0.4cm로 편 썬다.

- 육수팬에 물 400cc을 끓이고, 끓는 물에 대파 한토막, 생강 한조각,
  소금 1/2T을 넣는다.
  (재료를 썰어 담을 접시나 스테인리스 쟁반을 준비한다.)

- 편썰어 놓은 키조개살을 체에 담아 살짝 데쳐 찬물에 식혀 건져둔다.

- 내장을 제거한 새우도 삶아 찬물에 식힌 후
  머리와 껍질을 제거하고 반 갈라둔다.

- 전복은 껍질, 내장 순으로 제거한 후 편 썬다.

- 데친 해삼은 5cm 길이로 토막 잘라, 해삼 안쪽 폭 3cm에서,
  포를 떠 넓적하게 (편)썰어 준다.

- 오이는 1/2 등분으로 칼금을 넣고
  비스듬하게 5cm 길이로 반달모양 편을 썬다.

1 발효시킨 겨자에 육수 1T, 소금 1/2T, 간장 2t,
  식초 3T, 설탕 1T, 참기름 2t을 섞어서 겨자소스를 만든다.

2 당근으로 꽃을 조각해 찬물에 담가둔다.(12p. 참고)
  냉채 담을 접시를 준비한다.

3 모든 재료(전복, 해삼, 키조개살, 새우, 오이)를 넓은 접시에 담아,
  겨자소스 3T와 함께 잘 버무린 다음
  양손으로 산처럼 소복하게 접시 중앙에 담는다.

4 당근꽃과 파슬리를 냉채 옆에 장식하고,
  냉채 위에 겨자소스 1T를 끼얹어 마무리한다.

요리완성

Master Craftsman Cook, Chinese Food

돼지 고기류

매운고추돼지고기볶음
(宮保肉丁 궁보육정)

요구사항

가. 닭고기는 사방 1.5cm 정도의 정사각형으로 써시오.
나. 야채도 1.5cm×1.5cm×0.5cm 정도의 네모꼴로 써시오.

재 료
돼지고기 150g, 생땅콩 20알, 셀러리, 건고추 3개, 대파, 생강, 마늘, 청주, 후춧가루, 전분 1T, 고춧가루 2T 달걀 1개, 식용유

매운고추돼지고기볶음
(宮保肉丁 궁보육정)

 Cooking Point !!

❶ 고추기름을 만들어 사용해야 한다.
❷ 종합소스를 만들어 사용하며, 센 불에 빨리 볶아내야 한다.

Master Craftsman Cook, Chinese Food

튀김팬에 기름을 올리고 육수팬에 물을 끓인다.
담을 접시를 준비한 후 재료들을 씻어 손질한다.

<<< 준비단계

- 종합소스를 미리 만들어 둔다.
  (뜨거운 물 3T, 간장 1T, 설탕 1T, 후춧가루 1/2t, 굴소스 1T, 물전분 2t)

- 고추기름을 만든다.
  볶음팬에 고춧가루 2T, 식용유 4T, 대파, 생강을 같이 넣고 끓여
  고소한 향이 나면 체(면보)에 걸러 담아둔다.

- 돼지고기는 기름을 제거하고
  궁보기정의 닭고기보다 조금 작게(사방 1.5cm 정도) 한입 크기로 썰어
  청주 1T, 간장 1/2T, 후추 1t로 밑간 한 다음
  전분 2T과 달걀흰자를 넣고 많이 치댄다.

- 양념이 스며들면서 안에 있는 섬유질이 파괴되어 고기가 부드러워진다.
  겉은 전분막이 형성되어 안의 수분이 빠지지 않게 하는 효과가 있다.

- 건고추 씨를 제거 후 두께 2cm 정도로 어슷하게 썰고,
  셀러리도 두께 1cm 정도로 어슷하게 썰고,
  생강은 다지고, 대파, 마늘은 편으로 썬다.

1. 튀김팬에 기름을 2컵 정도 넣고
   마른고추와 돼지고기를 같이 넣고 부드럽게 익혀준다.
   고기가 익으면 땅콩과 셀러리를 넣고 한번 저어준 다음 바로 체에 건진다.
   (량반하이시엔 담을 접시를 준비한다.)

2. 볶음팬에 고추기름 2T을 두르고 건고추를 넣어 매운맛을 우려낸 다음
   대파, 생강, 마늘을 넣고 5초 정도 볶다가 청주 1T를 넣는다.
   익혀놓은 돼지고기, 땅콩, 셀러리를 넣고,
   종합소스를 부어 센 불에서 빨리 볶아내면서,
   마지막에 고추기름 1/2T을 넣고 버무려 접시에 소복하게 담아낸다.

요리완성

高級中國料理 71

게살류

Master Craftsman Cook, Chinese Food

부용게살
(芙蓉蟹肉 부용해육)

요구사항

가. 게살은 찢어서 사용하시오.
나. 달걀흰자를 튀겨서 사용하시오.

재료
게살 150g, 달걀흰자 4개 분량, 대파 20g(4cm 1조각 분량), 생강 소량, 마늘 2쪽, 브로콜리 100g, 생크림(우유) 1T, 청주 1T, 소금, 치킨스톡 1t, 물(육수) 80cc

부용게살
(芙蓉蟹肉 부용해육)

Cooking Point !!

① 브로콜리는 끓는 물에 소금과 식용유를 약간 넣고 데쳐서 찬물에 헹구지 말고 뜨거운 채로 접시에 둥글게 담아준다.
② 기름의 온도는 양이 적으면 좀 더 높은 온도에서 튀기고 양이 많으면 좀 더 낮은 온도에서 튀긴다.
③ 튀긴 달걀을 스테인리스 그릇에 장시간 두면 누렇게 변색되므로 미리 달걀을 튀겨 놓아두어야 할 상황이라면 사기그릇에 담아 두어야 한다.
④ 튀김온도가 계속 가열이 되면 달걀의 양이 불어나므로 150~160℃의 일반 튀김보다 약간 낮은 온도의 기름에서 튀긴다.

Master Craftsman Cook, Chinese Food

만드는 방법

튀김팬에 기름을 올리고 담을 접시를 준비한 후,
재료들을 씻어 손질한다.

<<< 준비단계

- 게살은 길이대로 한 번 정도 찢어준다.
- 브로콜리는 겉잎을 다듬어 1.5cm 크기로 잘라놓는다.
- 대파는 가는 실채로 곱게 썬다.
- 마늘과 생강도 곱게 채 썰어 놓는다.
- 볼에 달갈 4개의 흰자에 휘핑크림 1T을 넣고 젓가락으로 저어 잘 섞는다.
- 부용게살 담을 접시를 준비한다.

1 튀김팬에 기름을 올려 150℃가 되면 달갈 흰자를 조금씩 붓는다.
(가라앉으면 탈 수 있으니 살살 국자로 저어준다.)
달갈이 완전히 익어 부풀어지면 조리에 건져, 국자로 누르면서 기름을 빼준다.
(기름을 빼지 않고 사용하면 요리 완성 시 기름이 너무 많이 나온다.)

2 브로콜리는 겉잎을 다듬어 1.5cm 크기로 잘라
끓는 물에 소금 2t과 식용유 2t을 데쳐서 넣고
헹구지 말고 바로 요리 담을 접시에 원형으로 장식한다.

3 프라이팬에 식용유 1T를 두르고
대파, 생강, 마늘 채 썬 것을 넣고 5초 정도 볶다가
청주 1T을 넣고 끓인 육수 80cc를 붓고 찢은 게살을 넣은 후
소금으로 간하고 치킨스톡 1t을 넣는다.

4 물 전분을 풀어 걸쭉해지면 튀긴 달갈 흰자를 넣고 버무려
브로콜리를 장식한 접시에 소복하게 담아낸다.

요리완성

청탕류
(국물요리)

Master Craftsman Cook,
Chinese Food

부용관자
(芙蓉干貝 부용간패)

요구사항

가. 건관자를 부드럽게 쪄서 사용하시오.
나. 계란은 거품이 일어나지 않게 쪄서 사용하시오.

재료

달걀 4개, 소금 2t, 물(달걀 양의 1/3), 고수 1뿌리, 건관자 3개(키조개 말린 것), 대파 1뿌리

부용관자
(芙蓉干貝 부용간패)

🍲 **Cooking Point !!**

① 건관자는 뜨거운 물에 담가 불린 다음 얇게 뜯어 놓아도 되고 뜨거운 물에 담가 불린 후 뜯어도 된다.(원칙은 찜통에 30분간 쪄서 사용하는 것이다.)

② 업장에서는 15분 정도 찌지만 화력과 찜통의 상태에 따라 다르다. 찔 때 김이 좀 빠지게 뚜껑을 비스듬히 덮어야 달걀이 부풀어 오르지 않고 오래 쪄도 괜찮다.

③ 달걀 찐 것에 구멍이 생기면 감점되므로 주의한다.

④ 옛날에는 달걀과 물을 1:1 비율로 쪘는데 부드럽긴 하나 찌는 시간이 오래 걸리므로 시험장에서는 달걀의 1/3 정도의 물을 섞는 것이 좋다.

Master Craftsman Cook, Chinese Food

만드는 방법

육수팬에 물을 끓이면서 담을 접시를 준비한 후,
재료들을 씻어 손질한다.

<<< 준비단계

- 찜통에 물이 끓으면 그릇에 건관자를 넣고 30분간 찐다.

- 볼에 달걀 4개와 물을 6:4의 비율로 희석하고
  소금 2t으로 간하고 숟가락으로 충분히 섞어준다.

- 거품을 살짝 걷어낸 후 요리 담을 그릇에 담고
  김이 오른 찜통에 넣어 뚜껑을 조금 열고 20분 정도 찐다.

1 완성된 달걀찜에 불린 관자를 잘게 다져 넣는다.

2 고수는 잎줄기를 1cm 크기로 썰어 넣고,
  대파는 송송 썰어 넣는다.

3 육수팬에 끓여 놓은 물 200cc를 붓고 끓으면
  소금 2t으로 간하고 달걀찜 그릇에 끓인 육수를 부어서 낸다.

요리완성

Master Craftsman Cook, Chinese Food

탕류

불도장
(佛跳墻 불도장)

요구사항

가. 모든 재료를 넣고 중탕으로 쪄낸다.
나. 모든 재료는 밑손질을 하시오.

재료

송이버섯 1개, 전복 1마리, 건관자 1개, 표고버섯 1장, 죽순 30g 샥스핀 10g, 오골계 30g, 노루힘줄 5g, 생선부레 5g, 해삼 10g, 인삼 1뿌리, 산마 10g, 은행 2알, 구기자 3알, 큰새우 1마리, 대추 1알, 대파, 생강, 간장, 치킨스톡(소금) 2t, 소흥주 1T

불도장
(佛跳墙 불도장)

🍲 Cooking Point !!

① 모든 재료는 중탕으로 쪄내고, 육수 끓일 시간이 안 되면 물에 간장과 치킨스톡, 소홍주나 청주를 넣어 사용한다.

② 불도장이 출제되면 제일 먼저 준비하여 요리가 끝날 때까지 쪄준다. 현장에서는 기본적으로 2시간 이상 찌는데, 시험장에서는 시간이 부족하므로 재료를 반드시 다 익힌 다음 찐다.

③ 재료들은 밑손질한 후 완전히 익혀야 한다. 안 익히고 넣으면 탁한 물이 나오므로 국물은 맑고 향이 나도록 주의한다.

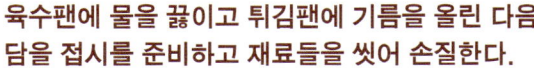

 만드는 방법

육수팬에 물을 끓이고 튀김팬에 기름을 올린 다음
담을 접시를 준비하고 재료들을 씻어 손질한다.

<<< 준비단계

- 노루힘줄 5g, 생선부레 5g을 기름에 바싹 튀겨 뜨거운 물에 불려낸다.
- 표고버섯은 큼직하게 썰고, 전복은 잔 칼집을 넣어 2등분으로 썬다.
- 송이버섯은 저며 편 썬다.
- 샥스핀은 찜통에 쪄내고, 해삼은 큼직하게 한입 크기로 썬다.
- 오골계는 큼직한 크기로 3등분한다.
- 건관자는 뜨거운 물에 10분간 담가둔다.
- 큰 새우는 내장 제거 후 삶아 껍질을 벗겨둔다.

- 육수팬에 물을 끓여
  표고버섯, 전복, 산마, 인삼, 죽순, 송이버섯,
  해삼 오골계 순으로 삶아
  찬물에 씻어 놓는다.
- 불도장 담을 볼그릇을 준비한다
- 볼에 먼저 대추, 구기자, 인삼, 산마를 넣고,
  다음에 생선부레, 노루힘줄, 전복, 대하, 해삼을 넣는다.

- 마지막으로 쪄낸 샥스핀을 위에 덮어
  대파, 생강을 이쑤시개에 꽂아 넣고
  육수를 만들어 찜통에 찐다.
  (★ 육수 - 끓는 물 200cc, 간장 1t, 치킨스톡 2t, 소흥주(청주) 1T를 넣고
  끓인 것)

1 다 쪄지면 대파, 생강은 건져내고 담아낸다.

요리완성

高級中國料理　83

탕류

Master Craftsman Cook,
Chinese Food

산라탕
(酸辣湯 산랄탕)

요구사항

가. 두부는 0.3cm×5cm 길이로 채를 써시오.
나. 고기와 야채도 길이 5cm 정도의 가는 채로 써시오.

재 료

표고버섯 1장, 불린 해삼 30g, 죽순 10g, 대파, 두부 1/2모, 쇠고기 30g,
팽이버섯 1/2봉, 청주 1T, 간장 1T, 치킨스톡 1/2T, 후춧가루 1t, 달걀 1개,
식초 1T, 고추기름 1T, 참기름 1/2T

산라탕
(酸辣湯 산랄탕)

Cooking Point !!

① 두부는 0.3cm×5cm 길이의 채로 썰어야 한다.
② 고기와 야채도 길이 5cm 정도로 채썬다.
③ 팽이버섯과 두부는 많이 안 익혀도 되고 잘 깨지는 것이라 따로 담아둔다.
④ 거품을 걷어내고 물녹말을 풀어준다.

Master Craftsman Cook, Chinese Food

육수팬에 물을 끓이면서 담을 접시를 준비한 후
재료들을 씻어 손질한다.

<<< 준비단계

- 두부는 0.3cm×5cm 길이로 채썬다.
- 해삼은 5cm 길이로 길게 채썬다.
- 쇠고기는 얇게 저며 5cm 길이로 가늘게 채썬다.
- 새우살은 내장을 제거해 놓는다.
- 표고버섯, 죽순, 대파는 5cm 길이로 가늘게 채썬다.
- 팽이버섯은 5cm 길이로 잘라 따로 담아둔다.
  (요리 담을 그릇을 준비한다.)

1. 달걀을 그릇에 잘 풀어놓는다.
2. 육수팬에 물을 끓여 표고버섯, 해삼, 새우, 죽순, 두부, 쇠고기를 조리대에 담아 데친 후 물기를 제거해 둔다.
3. 볶음팬에 끓는 물 300cc(2국자)를 부은 후 청주 1T, 간장 1t을 넣는다.
4. 데쳐놓은 야채와 두부, 고기를 넣고 끓이면서 거품을 걷어내고 양념을 한다.
   소금 1t, 치킨스톡 1t, 후춧가루 1/2t, 식초 1T을 넣어 살짝 끓으면, 물전분 2T을 2~3번에 나누어 농도를 걸쭉하게 맞춘다.
5. 잘 풀어놓은 달걀을 중불에서 뭉치지 않게 국자로 저어 부드럽게 익힌 후 잘라둔 팽이버섯을 넣고, 참기름 1/2T을 넣는다.
6. 산라탕 요리를 그릇에 담고, 고추기름 1T을 중앙에 살짝 올려준다.

요리완성

Master Craftsman Cook, Chinese Food

식사류

삼선 짬뽕
(三鮮炒碼麵 삼선초마면)

요구사항

가. 국수는 삶아 쫄깃하게 하시오.
나. 육수의 양은 400ml 정도로 하시오.
다. 야채는 편썰기 하시오.

재료

고기 50g, 새우살 50g, 오징어 50g, 해삼 50g, 소라 50g, 생국수 1인분(100g), 양파 1개, 죽순 1/2개, 표고 2장, 양송이 2개, 청경채 1개, 파 약간, 마늘 약간, 생강 약간, 부추, 육수 400ml, 청주 1T, 간장 1T, 소금 1T, 굴소스 1T, 후추 1/3t, 참기름 2t, 파기름 1T(고추기름)

삼선 짬뽕
(三鮮炒碼麵 삼선초마면)

🍲 Cooking Point !!

① 삼선짬뽕을 하얀 짬뽕이라고도 하고, 식성에 따라 고춧가루를 넣기도 한다.
② 계절에 따라 해물 대신 낙지, 생굴을 넣거나 얼큰하게 먹을 때는 고추기름을 이용하기도 한다.

Master Craftsman Cook, Chinese Food

만드는 방법

육수팬에 물을 끓이면서 담을 접시를 준비하고 재료들을 씻어 손질한다.

<<< 준비단계

- 해삼은 넓적하게 편 썬다.
- 오징어는 잔 칼집을 넣어 2단 편 썰기한다.
- 소라는 손질하여 포를 떠 편으로 썬다.
- 새우는 내장을 제거하고, 고기는 얇고 넓적하게 편으로 썬다.
- 양파는 폭 1.5cm×길이 4cm로 편 썬다.
- 표고버섯은 포 떠서 편 썬다.
- 죽순은 빗살모양으로 편 썬다.
- 양송이는 넓적하게 편 썬다.
- 청경채는 밑둥 자르고 4cm 길이로 자른다.
- 부추는 4cm 길이로 자르고 대파는 1cm 크기로 썬다.
- 마늘은 편 썰고, 생강은 곱게 다져서 놓는다.

요리완성

1. 끓는 물에 생국수를 넣고
젓가락으로 저어 주면서 끓어오르면 찬물을 부어 가라앉힌다.
이 과정을 두 번 정도 반복하여 삶은 다음 건져내서 찬물에 헹궈 둔다.

2. 볶음팬에 파기름 1T(고추기름)을 두르고 뜨거워지면
파, 마늘, 생강, 편 썰어 놓은 고기를 넣어 볶는다.
간장 1t, 청주 1/2T로 향을 내고
야채(죽순, 표고, 양송이, 양파, 청경채)를 넣고 볶는다.

3. 재료들이 충분히 익으면 육수 450cc를 넣어 끓이다가
해물(오징어, 소라, 해삼, 새우)을 넣고 굴소스 2t, 소금 1/2T으로 간을 맞춘다.
국물 위에 떠 있는 잡물을 걷어 낸 후 부추를 넣고
참기름 1t, 고추기름 2t을 넣는다.

4. 삶은 국수는 뜨거운 물에 한번 데쳐서 그릇에 담는다.
국물을 국수에 붓고 해물을 보기 좋게 담아낸다.

두부류

Master Craftsman Cook, Chinese Food

삼선두반두부
(三鮮豆瓣豆腐 삼선두판두부)

요구사항

가. 두부는 5cm 크기의 삼각형으로 써시오.
나. 두부는 붙지 않게 바삭하게 잘 튀겨내시오.
다. 농도에 유의하시오.

재료
두부 1모, 해삼 1개, 관자 2개, 새우 6마리, 돼지고기 50g, 청경채 1포기, 죽순 30g, 대파, 생강, 마늘, 건고추 2개, 전분, 두반장 1T, 굴소스 1T, 참기름 1T

삼선두반두부
(三鮮豆瓣豆腐 삼선두판두부)

Cooking Point !!
① 두부는 으깨지지 않도록 주의하여 바삭하고 노릇하게 튀긴다.
② 물 전분의 농도에 유의한다.

Master Craftsman Cook, Chinese Food

튀김팬에 기름을 올리고 육수팬에 물을 끓인다.
담을 접시를 준비하고 재료들을 씻어 손질한다.

<<< 준비단계

- 두부를 길이 5cm 두께 1cm 정도의 삼각형으로 썰어,
  튀김팬에 넣어 진한 갈색이 나도록 바삭하게 튀겨낸다.
- 두부를 바삭하게 튀기는 데 시간이 오래 걸리므로 일찍 튀겨놓는다.
- 중식조리에서 두부를 튀길 때 물기를 따로 제거하지 않지만,
  키친타올에 두부의 물기를 닦아 사용할 수도 있다.
- 청경채는 5cm 길이로 자르고,
  표고버섯과 죽순은 편 썰고,
  대파 2cm, 마른고추 3cm 길이로 어슷 썰고,
  마늘은 편 썬다.
- 해삼은 5cm 길이로 토막 잘라, 안쪽 폭 3cm에서,
  포를 뜨듯 넓적하게 (편)썬다.
  관자는 질긴 흰부분을 제거한 후 편썰고 생강은 다진다.

1 튀김
  - 팬에 기름을 넣고 약불에 둔다.
  - 돼지고기는 납작하게 3cm×3cm 편으로 썬다.
  - 새우는 칼집을 내어 돼지고기와 같이 간장 2t, 청주 1T로 밑간하고
    달걀흰자 1/2T과 된 녹말 3T을 넣어 잘 버무린다.
  - 40~50℃의 미지근한 기름에 넣어 젓가락으로 저어가며
    강불로 올려 살짝 익힌 후 조리대로 건져서 기름을 제거한다.
  - 마지막으로 관자를 넣고 살짝 익혀 건져서 기름을 제거한다.

2 육수팬의 물이 끓으면
  야채(청경채, 표고, 죽순)와 해삼을 조리대에 담은 채 살짝 데쳐 물기를 빼둔다.
  (삼선두반두부 담을 접시를 준비한다.)

3 볶음팬을 달궈 고추기름 2T을 두르고 건고추를 넣고 볶다가
  대파, 마늘, 생강을 넣고 볶는다.
  청주 1T, 간장 2t, 두반장 1T을 넣어 향을 낸 다음
  야채와 해삼을 넣어 볶는다.

4 끓인 육수 200cc를 넣고 돼지고기와 새우, 튀긴 두부, 패주를 넣고
  끓이면서 굴 소스 1/2T, 설탕 2t, 후추 1/2t로 간을 하여,
  20초 정도 살짝 조려준 다음 물 전분을 풀어 농도가 걸쭉하게 되면,
  참기름 2t과 고추기름 1/2T을 넣어 살짝 버무려 접시에 소복하게 담아낸다.

요리완성

상어
지느러미류

Master Craftsman Cook,
Chinese Food

삼선어치
(三鮮魚翅 삼선어시)

요구사항

가. 샥스핀은 뜨거운 물에 데쳐서 사용하시오.
나. 모든 재료는 편으로 써시오.
다. 중새우와 쇠고기는 초벌 간하여 익히시오.

재료

상어지느러미 50g, 해삼(불린 것) 1마리, 전복 1마리, 관자 1개, 청경채 1개, 중새우 3마리, 대파 15g, 쇠고기 50g, 마늘 3쪽, 생강 5g, 표고버섯 2개, 죽순 30g, 간장 1T, 소금, 굴소스 1T, 물 전분, 참기름 2t, 로추 2t, 후추 1t, 파기름 2T, 치킨스톡 1t

삼선어치
(三鮮魚翅 삼선어시)

Cooking Point !!

❶ 해물, 야채 순으로 넣고 데친다.
❷ 데친 열에 의해 서서히 익으면서 수분이 빠지게 되므로 데친 후 찬물에 헹구면 감점이 된다.
❸ 물을 많이 넣으면 양념 간이 다를 수 있어 경력자일수록 되게 하고 초보자는 전분 푸는 것이 어려워 물을 많이 쓰는 편이다.
❹ 샥스핀을 찜통에 찐 경우 마지막에 올리지만, 데쳤을 경우에는 물볶음 위에 올린다.

Master Craftsman Cook, Chinese Food

만드는 방법

육수팬에 물을 끓이면서 담을 접시를 준비한 후 재료들을 씻어 손질한다.

<<< 준비단계

- 먼저 작은 접시에 샥스핀을 담고 청주 1T, 대파 흰 부분 3cm 크기 1개, 생강 편 썬 것 1개를 담아 찜통에 10분 이내에 쪄낸다. 생강, 대파는 버리고, 물기 제거 후 접시에 담아둔다.

- 대파는 2cm로, 생강과 마늘은 편 썬다.
- 해삼은 5cm 길이로 토막으로 자른다.
- 해삼 안쪽 폭 3cm에서, 포를 뜨듯 넓적하게 편 썬다.
- 표고버섯은 포를 뜨듯 편 썬다.
- 죽순은 빗살모양으로 편 썬다.
- 관자는 질긴 흰 부분을 제거한 후 편 썬다.
- 전복은 삶아 내장 제거 후 포를 떠 3쪽 정도 편 썬다.
- 청경채는 뿌리를 자르고 4cm 크기로 썬다.

- 새우는 껍질 제거 후 등쪽을 칼질하고 쇠고기는 편 썰어 청주 2t로 밑간을 한 후, 달걀 2t, 된 녹말 2T을 넣어 버무려 놓는다.

- 새우와 쇠고기를 40~50℃의 미지근한 기름에 넣어 젓가락으로 저어가며, 강불로 올려, 살짝 익혀지면 조리대에 건져서 기름을 빼준다.

- 파기름을 만든다.
  대파는 1cm 길이로 토막 썰고, 생강은 넓적하게 편으로 썬다.
  팬에 식용유 3T를 두르고 대파와 생강을 넣고 끓인다.
  (대파, 마늘, 생강의 양은 1T 정도로 한다.)

1. 육수팬에 재료들을 데친다.
   주재료인 해물은 먼저 한번 데쳐내고,
   부재료인 야채를 끓는 물에 한 번 더 데쳐서 조리에 받쳐둔다.
   삼선어치 담을 접시를 준비한다.

2. 볶음팬을 달궈 파기름 2T을 넣고 대파, 마늘, 생강 편 썬 것을 넣고 볶다가
   청주 1T, 간장 1/2T을 넣고 향을 낸 다음 데친 야채와 해물을 넣고 볶다가
   육수 50cc를 넣고 굴소스 1T, 후추 1t로 간을 한다.
   먼저 익혀낸 새우, 쇠고기를 넣어 볶으면서
   물전분 1T을 되게 풀고, 참기름 2t을 넣어 버무려 접시에 소복하게 담는다.

3. 사용했던 볶음팬을 닦아내고 다시 달궈 파기름 2T을 두르고
   잘게 썬 파와 생강을 넣고 볶다가 청주 1T을 넣고, 끓인 육수 200cc를 붓는다.
   로추간장 2t, 치킨스톡 1t로 간을 한 후 물 전분 1T을 너무 질지 않게 넣어
   걸쭉하게 만들어 끓으면 참기름 2t을 살짝 둘러
   담아 놓은 해산물 위에 골고루 끼얹는다.

4. 마지막으로 쪄낸 샥스핀을 해산물 중앙에 올려준다.

요리완성

高級中國料理 99

식사류

Master Craftsman Cook,
Chinese Food

삼선초면
(三鮮炒麵 삼선초면)

요구사항

가. 국수는 노릇한 색이 나도록 기름에 튀기시오.
나. 야채는 여러 가지 색의 조화와 소스의 농도에 유의하시오.
다. 야채는 5cm×0.3cm로 채썰기 하시오.

 재 료

쇠고기 50g, 국수 200g, 새우 50g, 해삼 50g, 갑오징어 50g, 표고버섯 2장, 죽순 50g, 청피망 30g, 홍피망 30g, 청경채 50g, 마늘 2쪽, 생강 6g, 대파 10g, 후추 1/2t, 굴소스 1t, 간장 1T, 육수 200cc, 청주 1T, 참기름 1/2T, 물 녹말 2T, 식용유

삼선초면
(三鮮炒麵 삼선초면)

Cooking Point !!

① 쇠고기 튀김면, 팔진초면은 면을 삶아 팬에 노릇하게 튀겨서 한다는 점에서 똑같다.
② 생국수는 튀김기름이 뜨거워지면 노릇하게 튀겨낸다.
③ 야채는 숨이 죽지 않게 살짝 볶고 소스의 농도에 유의한다.

Master Craftsman Cook, Chinese Food

육수팬에 물을 끓이고 튀김팬에 기름을 올린다.
담을 접시를 준비하고 재료들을 씻어 손질한다.

<<< 준비단계

- 쇠고기는 5cm×0.2cm로 채 썬다.
- 해삼은 원형 대로 채 썬다.
- 오징어는 잔 칼집을 넣어 채 썬다.
- 새우는 내장을 제거해 둔다.
- 표고버섯은 얇게 포 떠서 채 썬다.
- 죽순은 포 떠서 채 썬다.
- 청경채는 밑둥을 자르고 5cm 길이로 자른다.
- 청·홍피망은 씨 제거 후 채 썬다.
- 대파는 3cm 길이로 채 썰고, 마늘과 생강은 다져 놓는다.

1 튀김팬의 기름이 100℃로 끓으면
   생국수를 넣어 젓가락으로 뒤집어 가며 노릇하게 튀겨내어
   삼선초면 담을 접시에 소복하게 담아 둔다.

2 볶음팬을 달궈 기름 1T을 두르고
   먼저 채 썬 쇠고기와 대파, 마늘, 생강을 넣어 볶다가
   청주 1T, 간장 1/2T으로 향을 내고
   고기가 익으면 모든 야채를 넣고 볶는다.

3 여기에 해물(해삼, 오징어, 새우)을 넣고 살짝 볶은 후
   육수 200cc와 굴소스 1t, 후춧가루 1/3t로 맛을 낸 후,
   끓으면 물 녹말 2T을 2~3번에 나눠
   농도를 걸쭉하게 맞추고 참기름 2t을 넣는다.

4 곧바로 튀겨놓은 국수 위에 소스를 끼얹어 낸다.

요리완성

냉채류

Master Craftsman Cook,
Chinese Food

삼품냉채
(三品冷菜 삼품냉채)

요구사항

가. 겨자소스를 숙성시켜서 사용하시오.
나. 당근꽃을 조각하시오.
다. 소스를 끼얹어 내든지, 따로 제출하시오.
라. 삼품냉채를 조화롭게 하시오.

재료

해파리 90g, 새우 3마리, 오리알 1개, 오이 50g, 마늘 3개, 당근, 겨자가루 1T,
설탕 1T, 식초 2T, 소금 1T, 간장 약간, 참기름 약간

高級中國料理

삼품냉채
(三品冷菜 삼품냉채)

❶ 삼품냉채는 소스를 따로 담아 내거나 끼얹어 내도 된다.

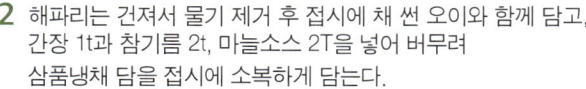

Master Craftsman Cook, Chinese Food

 만드는 방법

육수팬에 물을 끓이면서 담을 접시를 준비한 후, 재료들을 씻어 손질한다.

<<< 준비단계

- 오이는 껍질을 벗기지 않은 채 가는 소금에 문질러 물에 살짝 씻어 새우 냉채용은 편 썰고, 해파리 냉채용은 해파리 굵기로 채 썬다.(오이편, 오이채)
- 해파리는 데칠 물이 끓는 동안 찬물에 담가 쩐내를 없앤다.
 팬에 물을 올리고 물이 끓으면 해파리를 담가두었던 찬물을 버리고
 끓는 물을 부어 잘 저어준 다음 바로 건져 찬물에 씻어 쩐내를 제거한다.
 (시험시간을 한 시간 이상 주었음에도 불구하고
 해파리의 쩐내를 제거하지 못하면 감점이 되므로 주의한다.)
- 새우는 내장 제거 후 끓는 물에 생강과 파, 소금 약간을 넣고
 머리와 꼬리가 익을 때까지만 삶아 껍질을 벗겨 머리, 꼬리 모두 제거하고
 등쪽으로 반 포 떠 찬물에 살짝 씻어 내장을 제거한다.
 (머리나 꼬리가 있을 경우 보기에 좋지 않을 수 있으므로
 껍질을 모두 벗겨 깔끔하게 하는 것이 좋다.)
- 오리알 : 1개 제시. 껍질(종이)을 벗기고 삶아야 한다.
  새우를 삶고 난 물에 오리알을 넣고 5분 정도 삶아준다.
- 마늘은 잘게 다진다.

▶ 냉채용 소스 만들기

냉채 소스는 미리 만들어야 한다.

- 겨자 발효시키기
 겨자가루 1T에 끓는 물을 동량으로 넣고 숟가락으로 저어 20분 정도 발효되도록 둔다.
- 오리알은 소스를 곁들이지 않는다.
- 공통 기본 소스 만들어 2가지에 활용하기
 물(육수) 2T, 식초 2T, 설탕 1T, 소금 1T을 넣고 개어준다.
 여기에 물(육수) 1T을 추가하면 해파리소스와 새우겨자소스에 모두 사용할 수 있다.
- 새우겨자소스
 개어 놓은 겨자에 기본소스 2T을 넣고 개어 체에 걸러준다.
 새우에 약간만 뿌려주면 된다.
- 해파리마늘소스
 기본소스 남은 것에 마늘 다진 것, 참기름, 간장 약간을 넣어 완성한다.

▶ 접시에 담기

1 당근으로 꽃을 조각해서 찬물에 담가둔다.(삼품냉채 담을 접시를 준비한다.)

2 해파리는 건져서 물기 제거 후 접시에 채 썬 오이와 함께 담고,
 간장 1t과 참기름 2t, 마늘소스 2T을 넣어 버무려
 삼품냉채 담을 접시에 소복하게 담는다.

3 해파리, 새우, 오리알을 접시에 삼각형 구조로 놓는다.
 해파리 옆에 새우를 놓는데 먼저 오이편을 놓고 새우를 보기좋게 담고,
 해파리와 새우 중간쯤에 오리알을 보기좋게 담는다.

4 삶은 오리알은 껍질을 벗기고 칼에 물을 묻혀 8등분하여,
 요리 사이사이에 모양을 내어 담거나 따로 담을 수도 있다.

5 삼품냉채를 보기 좋게 담은 후 당근꽃과 파슬리를 냉채 중앙에 장식한다.

6 장식한 삼품냉채에 마지막으로 식감나게 소스를 끼얹는다.
 (새우에는 겨자소스를, 해파리에는 마늘소스를 끼얹어 낸다.)

요리완성

새우류

Master Craftsman Cook,
Chinese Food

새우누룽지탕
(蝦仁锅巴 하인과파)

요구사항

가. 새우는 내장을 제거하여 사용하시오.
나. 찹쌀누룽지를 잘 부풀려서 튀겨 내시오.

재료

누룽지 4개, 새우 100g, 달걀 1개, 전분, 대파, 생강, 마늘, 청주 1T, 케첩 4T, 물(육수) 2C, 설탕 3T, 완두콩 20개, 소금 약간, 식용유, 초고버섯 3개, 당근, 양파

새우누룽지탕
(蝦仁锅巴 하인과파)

🍲 Cooking Point !!

① 누룽지는 타거나 덜 부풀지 않도록 한다.
② 누룽지탕은 소리가 나야 제맛이다.
③ 소스를 만든 다음 누룽지를 튀겨낸다.
④ 기름에 누룽지 부스러기를 넣어 보았을 때 즉시 떠오르면 튀기기 적당한 온도이다.

Master Craftsman Cook, Chinese Food

만드는 방법

육수팬에 물을 끓이고 튀김팬에 기름을 올린다.
담을 접시를 준비하고 재료들을 씻어 손질한다.

<<< 준비단계

- 새우는 등쪽으로 칼집을 내어 내장을 제거한다.
- 당근은 모양을 내어 편썰고, 양파는 3cm 크기로 편 썬다.
- 초고버섯은 1/2로 절단한다.
- 대파는 1cm 크기로 썰고, 생강과 마늘은 다진다.

1. 튀김팬에 기름을 끓이면서,
새우에 달걀흰자 2t와 전분 2T을 넣고 버무려 둔다.
기름이 끓으면 새우를 한 마리씩 넣고 살짝 튀겨서 건져낸다.
(튀김팬의 기름은 약불에 둔다.)
(새우누룽지탕 담을 볼을 준비한다.)

2. 볶음팬을 달궈 식용유 2T을 두르고
대파, 생강, 마늘을 넣고 볶아 청주 1T,
간장 2t으로 향을 내고 야채를 넣어 볶다가
케첩 4T을 넣고 볶는다.

3. 끓인 육수 200cc을 붓고 설탕 3T, 소금 1t으로 간을 하고
끓으면 바로 물 전분 1T로 훌렁하게 농도를 맞춘다.
튀긴 새우를 넣고 살짝 걸쭉한 농도를 만든다.

4. 튀김팬을 강불로(170~180℃) 올려 누룽지 4개를 동시에 넣고
누룽지를 젓가락으로 뒤집어가며 튀긴다.

5. 충분히 부풀면 조리로 건져 완성 요리 담을 볼에 담고,
바로 볶음팬의 소스를 부어(지지직 소리가 나도록) 낸다.

요리완성

새우류

Master Craftsman Cook,
Chinese Food

새우완자
(蝦仁丸子 하인환자)

요구사항

가. 완자의 직경은 3cm 정도로 둥글게 만드시오.
나. 야채의 크기는 4cm 정도 크기의 편으로 써시오.

재료
청경채 1개, 목이버섯 2개, 죽순 30g, 대파 1/2, 생강 5g, 마늘 3쪽, 새우 150g, 전분, 달걀 1개, 청주 2T, 육수 1국자, 완두콩 10알, 간장 2t, 굴소스 2t, 물전분, 참기름 2t

새우완자
(蝦仁丸子 하인환자)

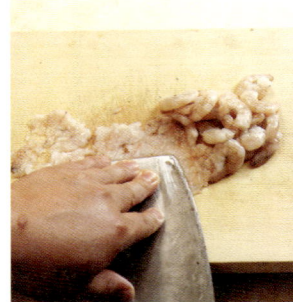

Cooking Point !!

1. 새우완자의 직경은 3cm 정도로 둥글게 만든다.
2. 새우완자 반죽은 양념한 후 충분히 치대어 튀겨야 갈라지지 않는다.
3. 완자의 색깔이 노릇해야 하며, 소스의 농도조절 및 색이 너무 진하지 않게 한다.
4. 접시에 담을 때 볶음팬을 들고 국자로 모양 있게 담아야 한다.(중국요리에서 완성 후 모양을 내기 위해 젓가락을 사용하는 것은 숙련 부족으로 보일 수도 있다.)

Master Craftsman Cook, Chinese Food

육수팬에 물을 끓이면서 튀김팬에 기름을 올린다.
담을 접시를 준비한 후 재료들을 씻어 손질한다.

<<< **준비단계**

- 청경채는 4cm 크기로 자르고 죽순은 편으로 썬다.
- 목이버섯은 뜨거운 물에 불려서 3cm 크기로 자른다.
- 완두콩은 뜨거운 물에 데친다.
- 생강은 다지고 대파, 마늘은 잘게 편 썬다.
- 새우살은 내장 제거 후, 중식칼등으로 한 마리씩 으깨고 곱게 다져 생강즙, 청주, 후추로 밑간하여 달걀 흰자 2t와 된녹말 1T을 넣어 잘 버무려 반죽해 놓는다.

1 튀김팬의 기름을 120℃로 가열하고
한 손으로 양념한 새우를 한줌씩 쥐어 3cm 크기의 완자를 만들어
튀김팬에 전부 넣은 후, 튀김조리대로 건져낸다.

2 튀김팬의 기름을 160℃로 가열해 다시 한 번 노릇하게
튀겨 조리대에 받쳐둔다.
(새우완자 담을 접시를 준비한다.)

3 볶음팬을 가열하여 식용유 1/2T를 두르고
대파, 생강, 마늘 편썬 것을 살짝 볶다가
간장 2t, 청주 1T로 향을 낸 후
모든 야채를 넣고 살짝 볶아준다.

4 끓인 육수 1국자(150cc)를 붓고 굴소스 2t로 간한 후,
튀긴 새우 완자를 넣어 끓인다.
물전분 1T을 2~3번에 나누어 넣고 농도가 걸쭉해지면
참기름 2t로 버무려 완성 접시에 보기 좋게 담아낸다.

요리완성

탕류

Master Craftsman Cook,
Chinese Food

서호탕
(西湖湯 서호탕)

요구사항

가. 시금치를 이용하여 서호탕을 만드시오.
나. 생선살은 다져서 완자로 만드시오.
다. 시금치는 데쳐서 사용하시오.

재료
시금치 30g, 후추 1/2t, 흰살생선 100g, 물 전분, 청주 2T, 간장, 치킨스톡 1t, 생강 3g, 소금 2t

서호탕
(西湖湯 서호탕)

 Cooking Point !!

① 시금치는 데쳐서 곱게 다져 사용한다.
② 생선살을 다져 완자를 만들고, 완자가 풀어지지 않도록 한다.

Master Craftsman Cook, Chinese Food

만드는 방법

육수팬에 물을 끓이면서 담을 접시를 준비한 후,
재료들을 씻어 손질한다.

<<< 준비단계

- 시금치는 끓는 물에 데친 다음 줄기를 제외한 잎을 아주 잘게 다져 그릇에 담아둔다.
- 흰살생선 살의 가시를 제거한 후 잘게 썰어 칼등으로 으깬 후,
  다시 한 번 칼날로 곱게 다져 생강즙 1t, 청주 1t, 후추 1/2t로 밑간하여
  달걀흰자 2t와 된 녹말 2T을 넣어 잘 버무려 양념해 놓는다.
- 서호탕 담을 그릇을 준비한다.

1 볶음팬에 끓인 육수 300cc를 붓고 끓이면서
  생강즙 1t, 치킨스톡 1t, 청주 1T으로 간을 한다.

2 한손으로 양념한 생선살을 한줌 쥐고 3cm 크기의 완자를 만들고
  숟가락으로 떼어 하나씩 볶음팬에 넣고 거품을 제거한 후
  소금 2t로 간을 맞춘다.

3 다져놓은 시금치를 넣고
  곧바로 물전분 1T을 2~3번에 나눠 풀어
  농도를 묽게 맞춘 다음
  참기름 1t을 넣어 준비한 그릇에 담아낸다.

요리완성

Master Craftsman Cook, Chinese Food

큰 요리

송이전복
(松栮鮑鱼 송이포어)

요구사항

가. 전복을 손질 후 송이전복을 만드시오.
나. 흰 소스를 이용하시오.

재 료

전복 2마리, 자연송이 2개, 대파 1/2개, 마늘 2쪽, 생강 3g, 참기름 2t,
육수 100c, 굴소스 1/2T, 간장 1/2T, 후추 1/2t, 물녹말 1T, 파기름 1T

송이전복
(松栮鲍鱼 송이포어)

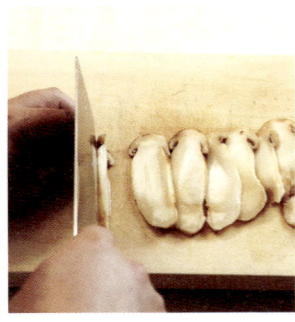

Cooking Point !!

① 흰소스의 색이 투명하도록 한다.
② 송이버섯의 향이 느껴지도록 한다.
③ 송이전복요리는 빠른 속도로 볶는 것이 연한 맛과 신선한 맛을 살린다.
④ 브로콜리 장식을 할 때에는 다듬어 끓는물에 데쳐서 장식한다.

Master Craftsman Cook, Chinese Food

육수팬에 물을 끓이면서 담을 접시를 준비하고
재료들을 씻어 손질한다.

<<< 준비단계

- 전복은 껍질째 깨끗이 씻어 끓는 물에 살짝 데친 후
  찬물에 식혀 내장을 제거하고 편으로 썬다.

- 자연송이는 밑둥의 모래를 제거한 후 깨끗이 씻어 편으로 썰어 놓는다.
  (혹시 자연송이가 냉동상태로 얼어서 편 썰면 하나하나 펼쳐서 놓아야 한다.)

- 대파는 반 잘라 1cm 크기로 편 썰고, 마늘은 밑둥 제거 후 넓적하게 편 썰고,
  생강은 다져 놓는다.

- 파기름을 만든다.
  튀김팬에 생강 1t, 대파잎 3cm 잘라 1T, 식용유 5T을 넣어 끓여
  조리에 건져 파기름을 만들어 놓는다.

1. 끓는 물에 전복과 송이를 조리에 담아 데쳐 물기를 받쳐둔다.
   송이전복 담을 접시를 준비한다.

2. 볶음팬을 가열하여 파기름 1T을 두르고
   대파, 마늘, 생강을 볶다가 청주 1T, 간장 2t을 넣어 향을 내고,
   데쳐놓은 자연송이, 전복을 넣고 육수 100cc를 붓는다.
   소금1/2t, 굴소스 1t로 간하고 물 녹말 1T로 농도를 맞춘 다음
   참기름 2t를 넣고 버무린다.

3. 요리 접시에 소복하게 담는다.

요리완성

육류

Master Craftsman Cook, Chinese Food

어향육사
(魚香肉絲 어향육사)

요구사항

가. 돼지고기는 길이 6cm, 두께 0.2cm 정도의 채로 써시오.
나. 죽순, 목이버섯, 생강, 대파는 채로 써시오.
다. 완성된 요리는 신맛, 매운맛, 짠맛, 단맛이 어울리도록 볶아내시오.

재료
돼지고기 등심 150g, 달걀 1개, 죽순 1/4조각, 피망, 홍고추, 대파, 생강, 마늘, 목이버섯, 전분, 고추기름 2T

* **소스재료**
  청주 1T, 간장 1T, 두반장 1T, 육수 100cc, 굴소스 1T, 설탕 1T, 식초 1T, 노두유 약간, 후춧가루 1/2T, 고추기름 2T

어향육사
(魚香肉絲 어향육사)

Cooking Point!!

① 돼지고기는 길이 6cm 두께 0.2cm 채를 썬다.
② 죽순, 목이버섯, 대파, 생강은 채로 썬다.
③ 어향육사의 완성된 요리는 신맛, 매운맛, 짠맛, 단맛이 어울리도록 볶아내야 한다.

기름에 滑(hua, 후아)하기
중국요리에만 있는 독특한 전처리방법으로 딱딱하고 질긴 육질의 재료를 보다 부드럽게 만들기 위해 밑간하여 기름이나 물에 살짝 익혀내는 것이다.

Master Craftsman Cook, Chinese Food

만드는 방법

육수팬에 물을 끓이면서 담을 접시를 준비하고
재료들을 씻어 손질한다.

<<< 준비단계

- 돼지고기는 길이 6cm, 두께 0.2cm로 넓적하게 포를 몇 장 뜬 다음 포개어 한번에 채썬다.
- 부재료도 모두 똑같이 채 썬다.
- 죽순은 포 떠서 채썰고, 목이버섯은 불려서 채썬다.
- 피망은 씨 제거 후 6cm 길이로 채썰고, 홍고추는 씨 제거 후 어슷하게 6cm 길이로 채썬다.
  향채 대파 3cm, 생강 2cm, 마늘 2cm 길이로 채썰어 둔다.
- 돼지고기 기름에 후아(滑, hua) 하기
  채썬 돼지고기의 핏물을 제거한 후,
  튀김볼에 담고 달걀 흰자 1/2T, 간장 1/2T, 청주 2t, 전분 2T을 넣고 버무린다.
- 40~50℃의 미지근한 기름에 넣고 젓가락으로 잘 저어가며 강불로 올려 익힌다.
- 체에 건져 기름을 빼준다.
  (어향육사 담을 접시를 준비해 둔다.)

1. 볶음팬을 달궈 고추기름 1T을 두르고
   대파, 생강, 마늘 채썬 것을 넣고 볶는다.
   간장 1T, 청주 1T, 두반장 1/2T을 넣어 향을 내고
   야채(죽순, 목이버섯, 피망, 홍고추)를 넣고 살짝 볶아준다.

2. 여기에 물 100cc(1국자)를 붓고
   굴소스 1/2T, 설탕 1T, 식초 1T, 후춧가루 1/2t을 넣어,
   소스가 끓으면 익힌 고기(滑)를 넣는다.

3. 물전분 2T을 2~3번에 나누어 농도를 걸쭉하게 맞춘 후
   참기름 1/2T, 고추기름 1T을 넣고 버무려,
   준비된 접시에 소복하게 담아낸다.

요리완성

高級中國料理

Master Craftsman Cook, Chinese Food

냉채류

오품냉채
(五品冷菜 오품냉채)

요구사항

가. 해파리는 데친 후 염분을 제거하고 오이는 6cm×0.2cm 정도 채를 써시오.
나. 당근은 꽃모양으로 조각하시오.
다. 송화단은 찌거나 삶아서 사용하시오.
라. 오품냉채를 조화롭게 하시오.

재료

해파리 90g, 새우 3마리, 전복 2마리, 소사태살 150g, 오리알 1개, 오이 1개, 마늘 5쪽, 당근 1/2개, 파슬리, 팔각 1개, 겨자가루 1T, 설탕 3T, 식초 5T, 소금 1t, 간장 5T, 참기름 약간, 케첩 1T
*소사태살 대신 관자가 주어질 수도 있다.

오품냉채
(五品冷菜)

Cooking Point !!

① 오품냉채에서 소스를 따로 담아 내거나 끼얹어서 내도 된다.

당근꽃 파기(12p. 사진참조)
1. 당근을 4~5cm 길이로 잘라 한쪽 면은 비스듬하게 45°로 절단하여 정오각형으로 밑둥을 만들고 반대쪽은 둥글게 다듬어준다.
2. 절단 오각형에 1단 꽃잎을 만들기 위해 돌려가며 다듬어 주고, 0.3cm 두께로 비스듬하게 45° 각도로 꽃잎 5개를 만든다.
3. 2단 꽃잎을 만들기 위해 오각형을 돌려가며 다듬어 주고 꽃잎과 꽃잎 중간에서 비스듬하게 (45°) 홈을 돌려가며, 5개를 만든 다음 0.3cm 두께로 비스듬하게(45°) 꽃잎 5개를 만든다.
4. 이렇게 4, 5단까지 반복해서 만들어 완성한다.

＊참고 - 당근꽃 파기는 10분 이내에 완성해야 하며, 30개 이상 반복 연습해야 숙련될 수 있다.

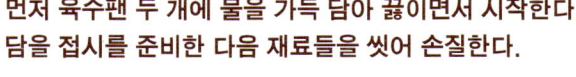

먼저 육수팬 두 개에 물을 가득 담아 끓이면서 시작한다.
담을 접시를 준비한 다음 재료들을 씻어 손질한다.

<<< 준비단계

▶ 재료 손질하기
- 소사태살은 핏물 제거를 위해 찬물에 담갔다가 끓는 물에 삶아 깨끗이 씻어둔다.
  육수팬에 물(600cc)을 붓고 진간장 3T, 청주 2T, 설탕 3T, 팔각 1개, 통생강 1쪽, 대파 잎부분 5cm를 넣는다. 물이 끓으면 씻어 놓은 소사태살을 넣고 1시간 정도 끓여 부드럽게 삶아지면 건져 식힌 후 넓적하게 편으로 썬다.
- 오이는 껍질을 벗기지 않은 채 가는 소금에 살짝 문질러 찬물에 씻어 용도별로 두 가지 방법으로 썬다.
  1. 오이를 1/3은 어슷하게 6cm×0.2cm 길이로 채썬다(해파리 무침용)
  2. 오이를 2/3은 길이 3cm 마름모꼴로 썰어둔다.(전복, 장육, 새우 바닥용)
- 해파리는 찬물에 씻어 끓는 물에 데친 후 다시 찬물에 깨끗이 비벼 씻어 냄새를 제거한 다음 큰그릇에 찬물을 가득 담아(식초 1T 넣은) 10분 단위로 찬물을 교체하면서 1시간 정도 불린다.
- 새우는 껍질째 내장을 제거한다.
  육수팬에 물을 끓여 생강 1편과 대파 1토막(3cm), 소금 2t을 넣고 새우를 껍질째 삶은 후 껍질 벗겨 머리, 꼬리 모두 제거하고 등쪽으로 반 포 떠 찬물에 살짝 씻어 내장을 제거하고 담아둔다.
- 전복은 껍질째 끓는 물에 삶은 다음 내장 제거 후 씻어 얇게 편으로 포를 뜬다.(편 썬 다음 데치면 오므라든다.)
- 오리알 : 오리알은 종이를 벗기고, 껍질째 찜통에 쪄야 하나, 뜨거운 물에 껍질째 15분 정도 삶아낸다.
- 마늘은 꼭지 제거 후 잘게 다진다.

▶ 냉채용 소스 만들기
- 겨자 발효시키기
  겨자가루 1T에 같은 양의 끓는 물 1T을 넣고 숟가락으로 매운맛이 날 때까지 2분 이상 저은 후 30분 정도 발효시킨다.
- 새우·겨자소스
  발효겨자 1T, 식초 2T, 설탕 1T, 소금 1t을 넣고 개어 체에 걸러준다.
- 해파리마늘소스
  물(육수) 1T, 식초 2T, 설탕 1T, 소금 1t, 다진 마늘 1/2T, 참기름 1/2T, 진간장 1/2t
- 전복·케첩소스
  케첩 3T, 설탕 1T, 소금 1/2t, 고추기름 1T, 다진 마늘 1/2T, 참기름 1/2T
- 장육·간장소스
  물(육수) 3T, 진간장 1T, 설탕 1T, 다진 마늘 1/2T, 참기름 1/2T

1. 당근으로 꽃을 조각해서 찬물에 담가둔다.(오품냉채 담을 접시를 준비한다.)

2. 해파리는 건져서 물기 제거 후, 접시에 채 썬 오이와 함께 담고, 간장 1t, 참기름 2t, 마늘소스 2T를 넣고 버무려 양손으로 산처럼 소복하게 담는다.

3. 해파리를 중앙에 담아두고, 바깥으로 4등분하여 일정 간격으로 오이 편 썬 것을 세 군데로 나눠 접시에 놓는다. 세 부분의 오이 편 위에 먼저 새우 편 썰어 데친 것을 보기좋게 올려주고, 다음으로 장육을 넓적하게 썰어 가지런히 담아 올리고, 마지막으로 전복을 소복하게 담는다.

4. 나머지 빈 공간에 오리알을 담는데, 삶은 오리알은 껍질을 벗겨 칼에 물을 묻혀 8등분하면서 즉시에 모양내어 담는다.

5. 오품냉채를 보기 좋게 담은 후 당근꽃과 파슬리를 장식한다.

요리완성

Master Craftsman Cook, Chinese Food

해물류

왕새우튀김
(炸大蝦 작대하)

요구사항

가. 새우의 전처리작업을 하시오.
나. 새우에 튀김옷을 만들어 사용하시오.

재 료
왕새우 2마리, 밀가루 1컵, 달걀 1개, 후춧가루 2t, 정종 1T, 소금 2t, 식용유

왕새우튀김
(炸大蝦 작대하)

Cooking Point !!

1. 튀길 때 새우가 구부러지는 것을 방지하기 위해 새우등 쪽에 꼬챙이를 꽂아 고정한 후 튀긴다.
2. 튀길 때 펼쳐진 새우살만 타기 쉬우므로 살에만 튀김옷을 발라준다.
3. 튀김옷이 질면 튀길 때 튀김옷이 많이 떨어져 나온다.
4. 기름온도는 적정하게, 튀김옷은 질지 않고 되직하게 한다.

튀김적정온도 알기
튀김옷을 한방울 떨어뜨려 봐서 바로 떠오르면 적정온도로 본다.

만드는 방법

Master Craftsman Cook, Chinese Food

튀김팬에 기름을 약불로 올리고 담을 접시를 준비한 후
재료들을 씻어 손질한다.

<<< **준비단계**

* **왕새우 손질하기**
  - 손가위로 머리쪽에서 눈까지 자르고,
    다리와 꼬리에 붙은 물주머니를 잘라낸다.
    (손가위가 없을 때 칼로 작업할 수 있다)
  - 등쪽으로 칼금을 넣어(중식칼로 칼날을 세워)
    톱질하듯 머리부분의 골수까지 절단하여 골수와 내장을 제거한다.
    (튀김 시 골수가 터져나와 지저분하거나 덜 익혀질(실격) 수 있으므로
    반드시 골수를 제거한다.
  - 물기 제거 후 즉시 후춧가루를 뿌리고
    청주를 골고루 부은 후 소금 약간을 뿌려 밑간해 둔다.

1 튀김옷 만들기
  - 튀김볼에 밀가루 3T, 전분 1T, 달걀 1/2개(흰자+노른자),
    소금 1t을 넣는다.
  - 숟가락으로 섞어서 되직하게 반죽한다.
    (반죽이 묽으면 튀길 때 벗겨질 수 있으므로 되직하게 반죽해야 한다.)

2 새우 튀기기
  - 튀김팬에 기름을 붓고 150℃로 끓인다.
  - 기름 제거용 접시와 담을 접시를 준비해둔다.
  - 밑간해 둔 왕새우를 펼쳐서 튀김옷을 바른 후
    튀김팬에 넣어(꼬리를 잡고 머리를 먼저 넣은 다음 2초 후 전체를 넣는다.)
    튀긴다.

요리완성

3 튀길 때 원하는 모양을 내어 튀길 수 있으며,
    8분 정도 골고루 붉고 바삭하게 튀겨
    기름제거용 접시에 담아 기름을 제거한 후,
    접시에 모양 있게 담아낸다.

高級中國料理 135

Master Craftsman Cook, Chinese Food

가금류

요과기정
(腰果鷄丁 요과계정)

요구사항

가. 닭고기는 사방 1.5cm 정도의 정사각형 모양으로 써시오.
나. 야채는 1.5cm 정도의 네모꼴로 써시오.

재료

닭다리살 200g, 달걀흰자 1개, 녹말 1T, 캐슈넛 30개, 죽순, 표고버섯 30g, 셀러리 20g, 양파 1/4개, 식용유, 대파 10g, 생강 1/2쪽, 마늘 2쪽, 청주 1T, 간장 1T, 굴소스 1T, 설탕 1T, 육수 3T, 후추 약간, 치킨스톡 1t, 물녹말 2T, 참기름 1t

요과기정
(腰果鷄丁 요과계정)

🍲 Cooking Point !!

❶ 종합소스는 뜨거운 물 3T, 간장 1T, 설탕 1T, 치킨스톡 1t, 굴소스 1T, 물 전분 2t을 넣어 만든다.
❷ 종합소스를 만들어서 사용할 수 있으며, 센불에 빨리 볶아내야 한다.
❸ 요과는 타지 않게 살짝 튀겨내고, 소스의 농도에 유의한다.

Master Craftsman Cook, Chinese Food

만드는 방법

육수팬에 물을 끓이고 튀김팬에 기름을 올린다.
담을 접시를 준비하고 재료들을 씻어 손질한다.

<<< 준비단계

- 닭다리의 살만 발라 사방 2cm 크기로 썬다.
- 닭다리살에 달걀흰자 2t와 마른녹말을 1:1 분량으로 넣고 잘 버무려둔다.
- 죽순, 표고버섯, 셀러리, 양파는 1.5cm 크기 사각형으로 썬다.
- 대파는 반으로 갈라 0.5cm 길이로 썰고(볶음용) 생강 마늘은 잘게 썬다.

1. 튀김팬의 기름이 120℃ 정도 되면
   닭고기를 노릇하게 튀기면서 캐슈넛을 조리에 담아 함께 노릇하게 익히고,
   조리로 함께 건져 기름기를 빼둔다.

2. 볶음팬을 가열해 기름을 1큰술 두르고,
   향신료, 대파, 마늘, 생강을 넣어 볶다가
   청주 1큰술, 간장 1큰술을 넣어 향을 낸다.

3. 나머지 야채(죽순, 표고버섯, 셀러리, 양파)를 같이 넣어
   5초 동안 볶다가 육수 3큰술을 넣고,
   굴소스 1/2T, 치킨스톡 1t, 후춧가루를 넣어 간한다.

4. 노릇하게 튀겨놓은 닭고기와 캐슈넛을 넣어
   10초 정도 볶다가
   물녹말 2t로 걸쭉하게 농도를 맞춘다.

5. 마지막으로 참기름을 조금 넣고 버무려
   준비된 접시에 소복하게 담아낸다.

요리완성

Master Craftsman Cook, Chinese Food

찜요리

우럭찜
(淸蒸鮮魚 청증선어)

요구사항

가. 우럭은 내장을 제거한 후 찜기에 찐다.
나. 대파는 6cm 정도로 채를 썰어 완성된 우럭 위에 올리시오.
다. 우럭은 살이 잘 떨어지도록 우럭 윗지느러미 쪽으로 칼집을 넣으시오.

재료
우럭 1마리, 소금 1T, 청주 2T, 고수 10g, 생강 1쪽, 팔각 1개, 대파 2개, 육수 1컵, 간장 60cc, 후추 약간, 파기름 5T, 굴소스 1/2T

우럭찜
(清蒸鮮魚 청증선어)

🍲 Cooking Point !!

❶ 우럭은 모양이 흐트러지지 않게 찜기에 쪄준다.
❷ 생선의 비린내를 제거하기 위해 찜기에 찔 때 대파, 생강을 올리고 청주를 뿌려준다.
❸ 생선은 신선한 것을 사용하며, 우럭 대신 도미, 가자미, 병어 등을 사용하기도 한다.

 만드는 방법

육수팬과 찜통에 물을 끓인다.
접시를 준비하고, 재료들을 씻어 손질한다.

<<< 준비단계

- 대파는 반 절단하여 어슷하게 6cm 길이로 채 썬다.
- 고수는 뿌리를 제거하고 4cm 길이로 잘라 놓는다.
- 생강은 1/3은 편썰고, 2/3는 채썰어 둔다.
- 우럭은 비늘을 제거한 다음, 아가미로 내장을 제거하고 깨끗이 씻어 등지느러미의 양쪽으로 칼집을 깊숙이 넣는다.
- 파기름을 만든다.
  대파는 1cm 길이로 토막 썰고, 생강은 넓적하게 편으로 썬다.
  팬에 식용유 3T를 두르고 대파와 생강을 넣고 끓인다.
  (대파, 마늘, 생강의 양은 1T 정도로 한다.)

1 육수팬에 손질한 생선을 조리에 담아
끓는 물을 끼얹어가면서 살짝 데친 다음
찬물로 깨끗이 씻어 비린내를 없앤다.

2 준비한 생선 접시에 대파를 길게 놓고 그 위에 생선을 올려놓는다.
생강편과 대파, 각을 올려 담고 김이 오른 찜통에 7~8분간 쪄낸 후
생선이 흩어지지 않게 파, 생강, 팔각을 건져내어 완성 접시에 담는다.

3 볶음팬에 육수 150cc를 넣고 끓으면
간장 3T, 청주 1T, 굴소스 1/2T, 설탕 2t를 넣어 끓여 간장소스를 만든다.
생선 위에 소스를 넉넉히 뿌려준 후, 대파채, 생강채를 생선 위에 올려놓는다.

4 튀김팬에 파기름을 뜨겁게 달구어
대파채와 생강채 위에 향이 나게 고루 뿌려주고,
고수를 올려준다.

요리완성

해삼류

Master Craftsman Cook,
Chinese Food

일품해삼
(一品海蔘 일품해삼)

요구사항

가. 해삼을 찜통에 찌고, 기름에 튀겨서 완성하시오.
나. 소스의 농도에 유의하시오.
다. 야채는 사방 2cm×2cm 크기로 써시오.

재 료

불린 해삼 1마리, 새우살 200g, 달걀 흰자 1개, 녹말가루 1T, 청주 1T, 후추,
은행 10알, 청홍피망 1개, 죽순 30g, 표고버섯 1장, 생강, 파, 고추기름 2T, 청주 1T,
육수 1컵, 참기름 1/2T, 굴소스 2t, 치킨스톡 1t, 물녹말 1T

일품해삼
(一品海蔘 일품해삼)

🍳 Cooking Point !!

❶ 해삼은 물기를 제거한 후에 녹말가루를 발라야 속박이한 새우가 떨어지지 않는다.
❷ 해삼을 튀길 때도 겉면에 녹말가루를 발라야 튀는 것을 방지할 수 있다.

Master Craftsman Cook, Chinese Food

육수팬에 물을 끓이고 튀김팬에 기름을 올린다.
담을 접시를 준비하고 재료들을 씻어 손질한다.

<<< 준비단계

- 대파, 마늘, 생강은 잘게 썬다.
- 죽순, 표고버섯, 청·홍피망은 사방 2cm×2cm 크기로 썬다.
- 은행은 껍질 벗겨 준비한다.
- 새우살은 칼등으로 으깨준 뒤 칼로 곱게 다져둔다.
- 새우를 그릇에 담고 생강, 청주, 후추로 간한 후
  달걀흰자 2t와 녹말가루 1T을 넣어 잘 치대어 새우 반죽을 만든다.

1. 불린 해삼은 끓는 물에 살짝 삶아 물기를 제거한 뒤
   하나씩 속을 닦아낸 후, 해삼 안쪽으로 녹말가루를 묻힌다.
   여기에 새우 반죽을 소복이 담아 속을 채운 다음
   김이 오른 찜통에 8분간 쪄낸다.

2. 쪄낸 해삼을 통째로 2cm로 썰어서,
   해삼 겉면에 녹말가루를 골고루 바른다.

3. 튀김팬에 기름을 가열하여 170℃ 정도에서
   녹말 묻힌 해삼을 넣고 2분 정도 튀긴다.
   (일품해삼 담을 접시를 준비한다.)

4. 볶음팬을 가열하여 고추기름 2T을 두르고,
   대파, 마늘, 생강을 넣고 살짝 볶다가
   청주 1T, 간장 2t으로 향을 낸 후
   죽순, 표고, 피망, 은행을 넣어 볶다가
   끓인 육수 200cc를 부어 끓인다.

5. 여기에 튀긴 해삼을 넣고,
   굴소스 2t, 후추 1/2t, 치킨스톡 1t을 넣고
   물 녹말 1T을 2~3번에 나눠 걸쭉하게 농도를 맞추어
   살짝 끓여 준 후 접시에 담아낸다.

요리완성

해물류

Master Craftsman Cook,
Chinese Food

전가복
(全家福 전가복)

요구사항

가. 해물은 편썰기하여 데친 후 사용하시오.
나. 모든 야채는 편썰기하여 데친 후 사용하시오.

재료

불린 해삼 1마리, 중새우 3마리, 갑오징어 몸살 60g, 소라살 40g, 관자 20g, 전복 1마리, 청경채 1개, 청피망 1개, 자연송이 1개, 죽순 20g, 표고버섯 2장, 생강 약간, 대파 1/2대, 마늘 3쪽, 고추기름 2T, 굴소스 1T, 육수 50cc, 파기름 2T, 간장 1T, 청주 2T, 소금 1t, 물 녹말, 참기름 1T, 후추 1t

전가복
(全家福 전가복)

Master Craftsman Cook, Chinese Food

육수팬에 물을 끓이면서 담을 접시를 준비한 후,
재료들을 씻어 손질한다.

<<< 준비단계

- 먼저 해물과 야채를 분류해 담는다.

* 접시1(마늘, 대파, 생강)
- 생강은 해물볶음용은 편썰고 소스용은 잘게 다진다.
- 해물볶음용 마늘은 편 썬다.
- 대파는 반 갈라 해물볶음용은 편 썰고, 소스용은 잘게 송송썬다.

* 접시2(해삼, 죽순, 청경채, 피망, 표고버섯, 소라, 새우, 갑오징어)
- 해삼은 5cm 길이로 토막 잘라, 안쪽 폭 3cm에서 포를 뜨듯 넓적하게 편썬다.
- 소라는 내장이 있으면 반드시 떼어내고 편 썬다.
- 피망은 2cm 폭의 길이로 삼각형 썰기 한다.
- 갑오징어는 안쪽(내장 있는 쪽)으로 칼집을 넣고 2단으로 썬다.
- 청경채는 뿌리 부분을 자르고 4cm 크기로 썬다.
- 새우는 내장 제거 후 삶아 껍질과 머리를 떼고 포를 뜬다.
- 표고버섯은 포를 뜨듯 편 썬다.
- 죽순은 빗살모양으로 편 썬다.

* 접시3(전복, 송이, 관자)
- 관자는 질긴 흰 부분을 제거 후 편 썬다.
- 전복은 삶아 내장 제거 후 편 썬다.
- 송이버섯은 모래 제거 후 원형 그대로 편 썬다.

- 파기름을 만든다.
  대파는 1cm 길이로 토막 썰고, 생강은 넓적하게 편으로 썬다.
  팬에 식용유 3T을 두르고 대파와 생강을 넣고 끓인다.
  (대파, 마늘, 생강의 양은 1T 정도로 한다.)
  (요리 담을 접시를 준비한다.)

1 끓는 물에 접시2(해삼, 죽순, 청경채, 피망, 표고버섯, 소라, 새우, 갑오징어)의
   재료들을 조리대에 담아 데쳐낸 후 물기를 빼준다.

2 볶음팬을 달궈 고추기름 2T을 두르고 대파, 생강, 마늘 편 썬 것을 넣고
   5초 정도 볶다가 청주 1T, 간장 1T을 넣어 향을 낸 후 데친 재료를 넣고 볶는다.
   끓인 육수 50CC를 붓고 굴소스 1T, 후추 1t를 넣고 볶다가
   물 전분 1T을 풀어 농도를 걸쭉하게 맞추고
   참기름 2t과 고추기름 1/2T을 넣어 살짝 버무려 접시에 소복하게 담는다.

3 * 접시3(전복, 송이, 관자)의 해물과 전가복을 볶고 위에 올려줄 재료를
   조리대에 담아 끓는 물에 데쳐내어 물기를 받쳐준다.

4 볶음팬을 닦아내고 달군 후 파기름 2T을 두르고
   잘게 썬 파, 생강 등을 넣고 볶다가 청주 1T을 넣고,
   끓인 육수 150cc를 붓고 소금 1t(치킨스톡 1t)으로 간을 한다.
   데친 해물(접시3의 전복, 송이, 관자)을 넣고 끓으면
   물전분 1T을 풀어 걸쭉하게 하얀소스를 만들어
   볶아 놓은 요리 위에 끼얹어 준 다음 완성요리를 제출한다.

요리완성

Master Craftsman Cook, Chinese Food

만두류

찐만두
(蒸餃子 증교자)

요구사항

가. 밀가루는 익반죽하여 찐만두를 만드시오.
나. 만두의 소가 부드럽고 수분이 충분하도록 만드시오.
다. 배추는 절인 후 사용하시오.

재료
부추 40g, 배추 1잎, 대파, 생강, 밀가루 200g, 소금, 간장, 정종, 굴소스, 후춧가루, 참기름 2T, 돼지고기(민찌) 60g

찐만두
(蒸餃子 증교자)

Cooking Point !!

① 만두피는 뜨거운 물(익반죽)로 반죽한다.
② 만두피의 크기는 직경 7cm 정도로 한다.
③ 찐만두는 완성 시 8개를 제출한다.
④ 만두가 면보에서 안 떨어질 경우 면보에 물을 묻힌 다음 떼어낸다.
⑤ 만두피의 크기는 물만두 5~6cm, 찐만두·군만두는 7~8cm 크기로 빚는다.

 **만드는 방법**

육수팬과 찜통에 물을 끓인다.
접시를 준비한 후, 재료들을 씻어 손질한다.

<<< 준비단계

- 볼에 밀가루 150g, 소금 2t을 넣어 끓인 물로 익반죽하는데,
  윤기 있고 쫀득하게 1분 이상 치대어 면보로 덮어 30분 정도 숙성시킨다.

- 만두소를 만든다.
  - 돼지고기를 잘게 다져 볼에 담아두고,
    배추는 잘 다져 소금을 뿌려 절인 후 물기를 꼭 짜 놓는다.
  - 부추는 0.2cm 정도로 송송 썰고, 대파도 칼집 넣어 송송 썰고, 생강은 곱게 다진다.
  - 다진 돼지고기에 다진 생강 2t, 정종 2T, 간장 2T, 굴소스 1T,
    후춧가루 1t을 넣고, 젓가락으로 한쪽 방향으로 저어 고기를 부드럽게 한다.
  - 다진 파와 배추를 넣고 젓가락으로 저어가며 고기와 잘 섞은 후,
    부추와 참기름 2T을 넣고 살짝 버무려준다.

1 만두를 빚는다.
- 숙성시킨 반죽을 도마에서 잘 치대어, 가래떡처럼 늘이고
  1cm의 크기로 10개 정도 떼어 절단부분을 위아래로 눌러 납작하게 만든다.
- 밀대로 돌려가며 지름 7cm 크기의 만두피를 만든다.
- 왼손 위에 만두피를 놓고 만두소를 1/2 숟가락 정도 떠 넣고
  만두피를 반으로 오른손 엄지와 검지를 이용해 눌러주면서
  주름을 8개 정도 만든다.
  (이렇게 반복해서 만두를 10개 정도 만든다.)

2 찜기에 물이 끓으면, 찜통에 젖은 면보를 깔고,
빚은 만두를 모양 있게 담아 8분 정도 찐다.
(화력에 따라 찌는 시간이 달라지며 면보가 없을 경우
만두에 기름을 발라 준다.)

3 접시에 보기 좋게 8개를 담아 낸다.

요리완성

Master Craftsman Cook, Chinese Food

쇠고기류

청경채우육편
(青菜牛肉片 청채우육편)

요구사항

가. 청경채는 끓는 물에 데쳐 사용하시오.
나. 소스의 색과 농도에 유의하시오.
다. 쇠고기는 사방 4cm×5cm 크기로 넓적하게 써시오.

재료

쇠 안심 150g, 청주 1sp, 간장 1sp, 달걀 1sp, 녹말 1sp, 청경채 150g, 생강 1sp, 설탕 2t, 육수 1컵, 간장 1T, 청주 1T, 굴소스 1T, 후추 1sp, 파기름 1T, 노두유 1T, 참기름 1sp, 물녹말 1T, 튀김기름

청경채우육편
(靑菜牛肉片 청채우육편)

🍲 Cooking Point !!

노두유는 색이 짙은 중국간장의 한 종류로 맛을 내기보다는 음식의 색을 위해 사용하는데, 가정에서는 일반 진간장을 사용해도 된다.

Master Craftsman Cook, Chinese Food

만드는 방법

육수팬에 물을 끓이고 튀김팬에 기름을 올린다.
담을 접시를 준비하고 재료들을 씻어 손질한다.

<<< 준비단계

- 쇠 안심은 넓적하게 편으로 썰어 (약간 두껍게)
  한 쪽씩 간장, 청주로 밑간하여 달걀과 녹말을 넣어 버무려 놓는다.
- 청경채는 밑둥지와 잎부분을 다듬은 후 청경채를 이등분해둔다.
- 생강은 잘게 다진다.
- 튀김팬에 고기가 잠길 정도의 기름을 붓고
  40~50℃가 되면 고기를 넣고 저어주면서
  강불로 올려 살짝 익으면 조리대로 건져 기름을 제거한다.
- 파기름을 만든다.
  대파는 1cm 길이로 토막 썰고, 생강은 넓적하게 편으로 썬다.
  팬에 식용유 3T를 두르고 대파와 생강을 넣고 끓인다.
  (대파, 마늘, 생강의 양은 1T 정도로 한다.)
- 청경채우육편 담을 접시를 준비한다.

1. 육수팬에 청경채를 끓는 물에 살짝 데쳐낸 뒤
   볶음팬에 기름 1/2T을 두르고 청경채를 넣어
   육수 100c와 소금 2t으로 간하여 끓으면 물을 약간 따라낸다.
   물녹말 1/2T로 부드럽게 하여
   접시에 부채모양으로 가지런히 담는다.

2. 볶음팬에 파기름 1T을 두르고 뜨거워지면
   생강(다진 것), 간장 1T, 청주 1T을 넣어 향을 내고
   여기에 육수 200cc를 부어
   굴소스 1/2T, 노두유 1/2T, 설탕 2t, 후추 1/2t로 간한다.

3. 소스가 끓으면 물 녹말 1T을 2~3번에 나눠 넣어
   걸쭉하게 한 뒤 튀겨 놓은 고기와 참기름 1/2T을 넣고 버무려
   청경채 옆에 소복하게 담아낸다.

요리완성

> **육수 만들기**
> 닭뼈(닭발)를 끓는 물에 삶아 불순물을 제거하고 깨끗이 씻는다.
> 냄비에 씻어둔 닭뼈(닭발)를 파, 생강과 함께 넣고 끓어오르면 불을 줄여
> 1시간 동안 푹 끓인다.

쇠고기류

Master Craftsman Cook,
Chinese Food

160

탕수우육
(糖醋牛肉 당초우육)

요구사항

가. 쇠고기는 길이 4cm, 두께 1cm 정도의 긴 사각형 크기로 써시오.
나. 야채는 편으로 써시오.
다. 튀김은 바삭하게 하시오.

재 료

쇠고기 200g, 달걀 1개, 녹말가루 200g, 생강즙 1sp, 간장 sp, 정종 1sp, 후춧가루, 당근, 오이 1/5개, 목이버섯 1개, 파인애플(통조림) 1쪽, 완두콩 15g, 대파 1/3토막, 생강 1/2쪽, 진간장 15ml, 술 15ml, 설탕 30g, 물 녹말 1T, 식초 50ml, 식용유(튀김용) 1L

탕수우육
(糖醋牛肉 당초우육)

Cooking Point!!
① 녹말가루의 농도에 유의하고, 시고 단맛이 동일하여야 한다.
② 고기를 더욱 바삭하게 하려면 두 번째 튀길 때 기름온도를 높인다.
③ 탕수육 튀김반죽에 앙금녹말을 사용하면 빠르고, 바삭하게 튀길 수 있다.

Master Craftsman Cook, Chinese Food

육수팬에 물을 끓이고 튀김팬에 기름을 올린다.
담을 접시를 준비하고 재료들을 씻어 손질한다.

<<< 준비단계

- 목이버섯은 불려 씻은 후 손으로 2cm 크기로 뜯어놓는다.
- 파인애플은 3cm 크기로 잘라 놓는다.
- 오이와 당근은 4cm 길이로 어슷썰어 모양을 낸 후 편 썬다.
- 배추는 4~5cm 정도로 편 썬다.
- 대파는 3cm 길이의 편으로 썬다.
- 생강은 편으로 저며 놓는다.
- 쇠고기를 길이 4cm, 두께 1cm 정도로 길쭉하게 썰어 간장, 생강즙, 정종, 후추로 밑간한다.

1 튀김팬에 기름을 가열하면서 튀김볼에 쇠고기를 담고,
   쇠고기와 앙금녹말을 같은 비율로 넣고,
   달걀흰자 1/2T로 되직하게 농도를 맞춰 버무려놓고
   180℃의 기름에 넣어 노릇하고 바삭하게 두 번 튀겨낸다.
   탕수우육 담을 접시를 준비한다.

2 볶음팬에 기름 1T을 두르고 대파, 생강을 살짝 볶은 후
   정종 1T, 간장 1/2T을 넣고
   야채(목이버섯, 오이, 당근, 파인애플, 완두콩)를 넣어 볶는다.

3 육수 200ml를 넣고 설탕 3T, 식초 1T로 간을 맞춘 후
   물 녹말 1T을 2~3번에 나눠 넣어 걸쭉하게 농도를 맞춘다.

4 바삭하게 튀긴 쇠고기를 넣고 빠르게 버무려 소복하게 담아낸다.

요리완성

해물류

Master Craftsman Cook,
Chinese Food

해물누룽지탕
(鍋巴海鮮 과파해선)

요구사항

가. 해산물은 납작한 편으로 써시오.
나. 소스의 농도에 유의하시오.
다. 해산물은 데쳐서 사용하시오.

재 료

불린 해삼1/2개(50g), 갑오징어 40g, 전복 1개 30g, 소라 1개 30g, 관자 1개(30g), 중새우 5마리(60g), 죽순 30g, 표고버섯 2장, 말린 누룽지 5개, 대파 20g, 마늘 3쪽 15g, 생강 6g, 홍피망 30g, 청피망 30g, 청경채 1개, 녹말가루 50g, 청주 1T, 간장 1T, 굴 소스 2T, 참기름 1T, 육수 2컵

해물누룽지탕
(鍋巴海鮮 과파해선)

Cooking Point !!
1. 누룽지는 타거나 덜 부풀지 않도록 한다.
2. 누룽지탕은 소리가 나야 제 맛이다.
3. 소스를 만든 후 누룽지를 튀긴다.
4. 기름에 누룽지를 조금 넣어 보았을 때 즉시 위로 떠오르면 튀기기 적당한 온도이다.

Master Craftsman Cook, Chinese Food

만드는 방법

**육수팬에 물을 끓이고 튀김팬에 기름을 올린다.
담을 접시를 준비하고 재료들을 씻어 손질한다.**

<<< 준비단계

- 해산물은 깨끗하게 손질하여 납작한 편으로 썬다.
- 해삼은 안쪽으로 편 썬다.
- 갑오징어는 잔 칼집을 넣어 2단 썰기 한다.
- 전복은 끓는 물에 데쳐 내장 제거 후 포를 뜬다.
- 소라는 칼집을 넣어 납작하게 바닥에 붙여서 포를 뜬다.
- 관자는 질긴 흰 부분을 도려내고 편 썬다.
- 새우는 꼬리를 남기고 껍질 제거 후 내장 제거한다.
- 대파는 반 절단 후 1cm 크기로 자르고,
  마늘은 꼭지 제거 후 편썰고, 생강은 다진다.
- 야채는 깨끗이 씻어 손질한 후 납작한 편으로 썬다.
  죽순은 빗살모양으로 편 썰고,
  표고버섯은 포를 뜨듯 편 썰고,
  홍·청피망은 삼각형으로 썰고,
  청경채는 밑둥 제거 후 5cm 길이로 썰어 담아놓는다.

1 썰어놓은 해물 전부를 조리에 담아 끓는 물에 살짝 데친다.

2 야채도 전부 끓는 물에 데쳐서 물기를 빼준다
  (해물누룽지탕 담을 그릇을 준비한다.)

3 볶음팬을 가열하여 기름 2T을 두르고
  대파, 마늘, 생강을 넣어 볶다가
  정종 1T과 간장 2t으로 향을 낸다.

4 데쳐놓은 해물을 넣고 굴 소스 1T, 설탕 2t을 넣어 살짝 볶는다.

5 뜨거운 육수 400cc를 붓고, 끓으면 데친 야채를 넣고
  물 녹말 2T으로 농도를 묽게 맞춘 후 참기름 1T을 넣어 마무리한다.

6 튀김팬을 강불로 올려,
  누룽지 부스러기로 적정온도를 확인한 후
  (조금 넣어 보았을 때 즉시 위로 떠오르면 적정온도다.)
  누룽지 4개를 동시에 넣고,
  젓가락으로 뒤집어주어 충분히 부풀면서 튀긴다.
  다 튀겨지면 조리로 건져 볼에 담고,
  즉시 볶음팬의 소스를 누룽지에 붓는다.

요리완성

해삼류

Master Craftsman Cook,
Chinese Food

해삼과 삼겹살
(海蔘五花肉 해삼오화육)

요구사항

가. 삼겹살은 삶아서 사용하시오.
나. 소스의 색이 너무 진하지 않게 하시오.
다. 해삼은 끓는 물에 데쳐 사용하시오.

재 료

불린 해삼 130g, 삼겹살 100g, 대파 1/2대, 마늘 3쪽, 생강 약간, 굴소스 1T, 정종 1큰술, 청경채 2포기, 간장 1T, 파기름 약간, 물 녹말 1T, 노두유 3T, 육수 100cc, 참기름 1t, 팔각 2개

해삼과 삼겹살
(海蔘五花肉 해삼오화육)

Cooking Point!!

❶ 예전에는 삼겹살에 노두유 대신 생짜장을 발라 사용했다.
❷ 해삼과 삼겹살요리는 전처리과정이 다소 복잡하므로 먼저 작업을 해야 한다.

만드는 방법

육수팬에 물을 끓이고 튀김팬에 기름을 올린다.
담을 접시를 준비하고 재료들을 씻어 손질한다.

<<< 준비단계

- 불린 해삼은 안쪽으로 포를 떠 편 썬다.
- 청경채는 밑둥 손질해 1/2 포기로 자른다.
- 대파는 3cm 길이로 편 썬다.
- 마늘은 편 썰고 생강은 다진다.
- 삼겹살은 핏물을 제거한 후 끓는 물에
  대파, 생강을 넣고 20분 정도 삶아 폭 1cm로 썰어
  노두유 2T을 넣고 버무려 둔다.
- 튀김팬에 기름을 끓여 삼겹살을 바삭하게 튀긴 후
  찜통에 넣을 그릇에 담는다.
- 육수팬에 육수 150cc, 간장 1T, 청주 1T, 설탕 1/2T을 넣고 끓여
  삼겹살 담은 그릇에 붓고,
  그 위에 대파, 생강, 팔각을 넣어 1시간 정도 푹찐다.

1 삼겹살 쪄낸 육수에 기름기를 제거해 둔다.
  (해삼과 삼겹살 담을 접시를 준비한다.)

2 청경채는 끓는 물에 살짝 데쳐 볶음팬에 파기름을 두르고
  육수 5T, 소금 1t, 물녹말 1/2T로 코팅하여 접시에 원형으로 담고
  찐 삼겹살도 물기 없이 접시 중앙에 포개어 담는다.

3 해삼을 끓는 물에 데쳐 놓고,
  볶음팬에 파기름 1/2T을 두른 후
  대파, 생강, 마늘을 볶다가 청주 1T로 향을 낸 뒤
  데친 해삼을 넣어 볶는다.

4 삼겹살 찐 육수 100cc, 굴소스 1t, 노두유 1T를 넣어
  맛과 색을 내고 물 녹말 1T로 농도를 맞춘 후
  참기름 1t으로 마무리하고
  담아 놓은 삼겹살 위에 소스를 끼얹어 낸다.

요리완성

상어
지느러미류

Master Craftsman Cook,
Chinese Food

홍소삼사어치
(紅燒三絲魚翅 홍소삼사어시)

요구사항

가. 모든 재료는 6cm×0.3cm×0.3cm 크기의 채로 썰어 삼사어치를 만드시오.
나. 소스의 농도에 주의하시오.
다. 어치는 끓는 물에 데친 후 사용하시오.

재료

죽순 30g, 표고버섯 2개, 불린 해삼 1마리, 양송이 2개, 새우살 30g, 쇠고기 30g, 샥스핀 5g, 팽이버섯 1봉지, 대파 1개, 마늘 3쪽, 생강 5g, 청주 2T, 간장 1T, 굴소스 1T, 후춧가루 2t, 물전분, 참기름 1T

홍소삼사어치
(紅燒三絲魚翅 홍소삼사어시)

🍲 **Cooking Point !!**

❶ 모든 재료가 익은 것이므로 오래 볶지 않는다.(따로 물을 넣지 않아도 물이 생긴다.)
❷ 중국요리에서 샥스핀 요리는 끼얹는 소스로 마무리를 한다.
❸ 소스를 만들 때 기포를 많이 발생시킬수록 기능숙련도가 높다고 평가하므로 많은 연습이 필요하다.

Master Craftsman Cook, Chinese Food

**육수팬에 물을 끓이면서 담을 접시를 준비한 후,
재료들을 씻어 손질한다.**

<<< 준비단계

- 샥스핀 찔 때는 작은 접시에 샥스핀과 청주 1T, 대파 흰 부분 3cm 크기 1개, 생강 편썰어 1개를 함께 담아 물이 끓을 때 10분 이내에 쪄낸다.
- 생강, 대파 생강 등은 버리고 샥스핀의 물기를 제거해 둔다.
- 쇠고기는 길이 6cm 두께 0.2cm 넓적하게 포를 몇 장 떠서 포개어 한번에 채 썬다.
- 새우는 내장을 제거한다.
- 죽순은 포 떠서 채 썬다.
- 표고버섯은 불려서 포 떠서 포개어 채 썬다.
- 해삼은 둥근원형대로 0.3cm 두께로 채 썬다.
- 양송이는 꼭지 제거 후 원형대로 0.2cm 두께로 채 썬다.
- 팽이버섯은 5cm 길이로 자른다.
- 대파 3cm, 생강 2cm, 마늘 2cm 길이로 채썬다.
- 소스용으로 대파 송송 잘게 1/2T 정도, 생강 1t은 다져서 준비한다.
- 쇠고기, 새우 기름에 滑(후아)하기
  - 채 썬 쇠고기를 핏물 제거 후 튀김볼에 담고 달걀 흰자 1/2T, 간장 1/2T, 청주 2t, 마른전분 2T을 넣고 버무린다.
  - 튀김팬에 기름을 넣고 40~50℃에서 넣어 젓가락으로 잘 저어가며 강불로 올려 익힌다.
  - 다 익으면 체에 건져 기름을 빼준다.
  - 곧바로 튀김팬을 가열하여 약불(120℃)로 하고 내장 제거한 새우에 청주 2t, 달걀노른자 1/2T, 마른전분 2T을 넣고 버무린다.
  - 튀김팬에 새우를 뿌리듯 넣어 익으면 조리에 건져 기름을 빼준다. 쇠고기, 새우는 한 접시에 담아둔다.

1 육수팬에 물이 끓으면 데침용 조리대에 양송이, 죽순, 표고, 해삼을 넣고 데친 다음 물기 제거를 위해 밭쳐둔다.(홍소삼사어치 담을 접시를 준비한다.)

2 볶음팬을 가열하여 기름 1T을 두르고 대파, 마늘, 생강을 넣고 살짝 볶다가 청주 1T, 간장 1/2T을 넣고 향을 낸 후, 데쳐 놓은 야채를 넣고 볶는다.

3 끓인 육수 50cc를 붓고 굴소스 2t을 넣은 후 익힌 고기와 새우, 팽이버섯을 넣고 볶는다.

4 후추 1/2t, 참기름 2t, 물전분 1T을 풀어 농도를 걸쭉하게 하고, 준비된 접시에 소복하게 담은 후 준비한 샥스핀을 중앙에 올린다.

5 볶음팬에 식용유 2T을 넣고 100℃로 가열하면서 썰어 놓은 소스용 대파, 생강과 청주 1T, 간장 1t을 넣는다.

6 끓인 육수 100cc 을 붓고, 치킨스톡 1t, 물전분 1T을 2~3번에 나누어 국자로 휘저어 기포를 발생시켜 농도를 맞추고 참기름 1t을 넣어 샥스핀 위에 끼얹어 요리를 완성한다.

요리완성

高級中國料理

두부류

Master Craftsman Cook,
Chinese Food

홍소양두부
(紅燒洋豆腐 홍소양두부)

요구사항

가. 길이 4.5cm×넓이 3cm×높이 2cm 크기로 써시오.
나. 완성품 6개를 제출하시오.
다. 고기와 두부가 분리되지 않도록 하고 간이 잘 베이게 하시오.

재료
두부 1모, 청경채 1개, 돼지고기 150g, 대파, 생강, 청주 2T, 간장 1T, 후추 1t, 전분, 참기름 1T

홍소양두부
(紅燒洋豆腐 홍소양두부)

🍲 Cooking Point !!

① 완성 시 6개를 제출한다.
② 청경채는 소금과 기름을 넣고 끓는 물에 데친 다음 찬물에 헹구지 말고 바로 접시에 담아 장식한다.
③ 쪄낸 두부 소스에 육수를 첨가하여 간을 잘 맞추어야 하며, 두부를 1분 정도 조림하여도 된다.
④ 두부를 노릇하게 튀기려면 튀김시간이 30분 정도 걸리므로 준비단계에서 바로 튀겨야 시간절약을 할 수 있다.

Master Craftsman Cook, Chinese Food

만드는 방법

육수팬에 물을 끓이고 튀김팬에 기름을 올린 다음
담을 접시를 준비하고 재료들을 씻어 손질한다.

<<< 준비단계

- 두부는 정육면체로 길이 4.5cm×3cm×2cm 정도의 크기를 8개 잘라 가운데 속을 동그랗게 파낸다.
- 대파는 송송 썰고, 생강은 잘게 다진다.
- 청경채는 5cm 길이로 잘라둔다.
- 돼지고기는 덩어리를 잘라 민찌처럼 잘게 다진다.
- 곱게 다진 돼지고기에 양념(대파 송송 썬 것 1/2T, 생강 다진 것 1t, 청주 1T, 간장 1T, 후추 1t, 전분 1/2T)을 넣고 잘 치대어 놓는다.
- 파낸 두부 속에 마른전분을 골고루 발라준 다음, 두부 속에 양념한 고기를 3cm 정도 만들어 하나씩 채워 준다. (나중에 고기가 떨어지지 않도록 살짝 눌러준다.)
- 튀김팬의 기름온도가 170℃ 이상 오르면 만들어 놓은 두부를 넣어, 두부색이 노릇해질 때까지 바삭하게 튀겨낸다.

1 볼에 양념(청주 1T, 간장 1T, 물 200c, 굴소스 1T, 노두유 1T)을 넣고 소스를 만든다.

2 만들어 놓은 소스에 노릇하게 튀긴 두부를 넣고, 찜기에 물이 끓으면 찜통에서 5분 정도 쪄낸다. (홍소양두부 담을 접시를 준비한다.)

3 육수팬에 물을 끓이고 소금 1T, 기름 1t을 넣고 청경채를 살짝 데쳐(찬물에 헹구지 말고) 요리 담을 접시에 원형으로 가지런히 장식하고 쪄낸 두부만 건져 모양 있게 담아준다.

4 볶음팬에 쪄내고 남은 소스 150cc을 붓고 끓이면서 청주 1T와 물 전분 1/2T을 넣어 걸쭉하게 되면 참기름 2t을 넣고 완성하여 두부 위에 뿌려준다.

요리완성

생선류

Master Craftsman Cook,
Chinese Food

홍소해선
(紅燒海鮮 홍소해선)

요구사항

가. 생선에 칼집을 넣어 튀겨 사용한다.
나. 소스에 알맞게 졸인다.
다. 야채는 3cm 정도의 삼각형으로 써시오.

재 료

도미(우럭) 1마리, 청주 3T, 간장 2T, 표고버섯 2장, 죽순 50g, 피망 1/2, 대파 1대, 마늘 3쪽, 홍고추 1개, 굴소스 1T, 후추 1/2t, 치킨스톡 2t, 파기름 1T, 참기름 1t, 물 녹말 1T, 육수 2컵, 팔각 2개

홍소해선
(紅燒海鮮 홍소해선)

🍲 Cooking Point !!

① 생선은 속까지 잘 익도록 튀긴다.
② 소스의 농도를 잘 맞춘다.
③ 생선은 도미, 우럭, 광어, 병어, 도다리 등을 사용한다.
④ 물 녹말을 풀 때 팬을 회전하면서 풀면 뭉치지 않고 부드럽게 빨리 할 수 있다.

Master Craftsman Cook, Chinese Food

육수팬에 물을 끓이고 튀김팬에 기름을 올린다.
담을 접시를 준비하고 재료들을 씻어 손질한다.

<<< 준비단계

- 도미는 깨끗이 손질하여 아가미로 내장을 제거하고
  양쪽에 칼집을 3cm 간격으로 낸 후
  간장 2T, 청주 2T을 뿌려 앞뒤로 뒤집어 재어 놓는다.

- 표고버섯, 죽순, 홍고추, 피망은 3cm 삼각형으로 썰고
  대파, 마늘은 편 썰고 생강은 다진다.

1. 튀김팬에 생선이 잠길 만큼의 기름을 넣고 170℃ 정도에서
   밑간해둔 도미 꼬리를 잡고 머리쪽을 먼저 넣어,
   젓가락으로 뒤집어가며 속까지 잘 튀긴다.
   (홍소해선 담을 접시를 준비한다.)

2. 볶음팬에 파기름 1T을 두르고 뜨거워지면 파, 마늘, 생강을 넣고
   간장 1T과 청주 1T으로 향을 낸 후 야채를 넣어 볶다가 육수 400cc를 붓는다.
   육수가 끓으면 튀겨진 생선을 넣고,
   굴소스 1T와 치킨스톡 2t, 후추 1/2t으로 간한 뒤
   팔각 2개를 넣고 중불에서 천천히 졸인다.

3. 볶음팬의 소스가 알맞게 졸여지면
   물 녹말 1T을 2~3번 나눠 넣어
   걸쭉하게 농도를 맞춘다.

4. 조려진 생선을 접시에 잘 닮고 소스를 골고루 끼얹는다.

요리완성

돼지
고기류

Master Craftsman Cook,
Chinese Food

회과육
(回鍋肉 회과육)

요구사항
가. 돼지삼겹살은 삶아 전처리 작업하시오.
나. 고기는 길이 4cm 정도 크기에 두께 0.5cm의 편으로 써시오.

재료
돼지삼겹살 250g, 생짜장 2T, 청주 1T, 표고 2장, 죽순 1/4개, 홍고추 1개, 피망 1/2개, 대파 1대, 마늘 5쪽, 생강 약간, 마른고추 2개, 육수 1/4컵, 청주 1T, 굴소스 1t, 간장 1t, 후추 약간, 설탕 1t, 참기름 약간, 물 녹말 1T, 고추기름 3T

회과육
(回鍋肉 회과육)

 Cooking Point!!

① 짜장소스는 적당히 넣어야 한다.
② 모든 재료는 큼직하게 썰고 야채의 크기는 일정해야 한다.
③ 요리의 색상과 소스의 농도에 유의하여야 한다.

 **만드는 방법**

육수팬에 물을 끓이고 튀김팬에 기름을 올린다.
담을 접시를 준비하고 재료들을 씻어 손질한다.

<<< **준비단계**

- 삼겹살은 5cm×5cm×0.5cm로 편 썰어,
  끓는 물에 10분간 삶는다.

- 볶음팬에 기름 3T을 넣고
  생짜장 2T을 눌지(타지) 않게 볶아 놓는다.

- 재료들을 손질한다.
  - 표고버섯은 포를 뜨듯 편 썬다.
  - 죽순은 빗살모양으로 편 썬다.
  - 피망과 홍고추는 씨 제거 후 어슷하게 편 썬다.
  - 대파는 반 갈라 2cm 크기로 썬다.
  - 마늘은 편으로 썰고, 생강은 다진다.
  - 마른고추는 씨 제거 후 2cm 크기로 잘라놓는다.

1 튀김팬에 고기가 잠길 정도의 기름을 넣고
  삼겹살을 바삭하게 튀겨둔다.
  (회과육 담을 접시를 준비한다.)

2 팬에 고추기름을 두르고 먼저 마른고추를 넣어 볶다가
  대파, 마늘, 생강을 넣어 볶아준다.
  여기에 간장, 청주로 향을 내고 야채를 넣어 볶는다.

3 튀겨낸 삼겹살과 짜장을 넣어 골고루 볶으면서
  육수를 붓고 굴소스, 설탕, 후추로 간한 뒤
  참기름을 치고 볶아낸다.

요리완성

후식류

Master Craftsman Cook,
Chinese Food

빠스바나나
(拔絲香蕉 발사향초)

요구사항

가. 튀김옷과 설탕시럽이 골고루 묻도록 하시오.
나. 바나나는 다각형으로 길이 3~4cm, 넓이 2cm 정도로 하시오.
다. 완성품은 10개를 제출하시오.

 재 료
바나나 1개, 설탕, 달걀 1개, 밀가루, 식용유

빠스바나나
(拔絲香蕉 발사향초)

🍲 Cooking Point !!

1. 시럽에 오래 버무리면 물러 깨져 버리므로 주의한다.
2. 바나나는 덜 익은 것을 사용한다.(익은 것을 사용할 경우 완성 시 속이 짓무른다.)
3. 사과탕과 같은 방법으로 예전에는 바나나가 비싼 재료였으므로 양을 늘리기 위해 밀가루 묻히는 것을 5회 정도 해주었다.
4. 바나나는 밀가루를 발라 삶아서 한다.
5. 설탕시럽이 타지 않도록 한다.
6. 설탕시럽 양이 너무 많아도, 또는 적어도 문제될 수 있으므로 양 조절을 잘한다.
7. 완성 시 빠스바나나는 10개를 제출한다.

Master Craftsman Cook, Chinese Food

만드는 방법

육수팬에 물을 끓이면서 튀김팬에 기름을 올리고
요리 담을 접시에 기름을 얇게 발라 준비한다.

<<< 준비단계

- 바나나는 다각형으로 길이 3~4cm, 넓이 2cm 정도로 썬다.
- 다각형으로 썬 바나나에 달걀흰자 1개를 버무리고 밀가루를 묻혀
  끓는 물에 살짝 넣었다 꺼내 다시 밀가루에 버무려
  손으로 쥐어주면서 밀가루가 골고루 묻게 한다.
- 다시 한 번 밀가루를 묻히고(3회 반복) 튀김옷을 입혀 조리대에 담아 놓는다.

1 예열한 볶음팬에 기름코팅을 한 후
  팬에 기름을 면보로 닦아낸 후 설탕 4T을 넣고
  국자로 저어가면서 시럽을 만든다.

2 튀김팬의 기름이 170℃가 되면
  바나나를 넣고 튀겨낸 후 기름을 제거하고
  재빨리 설탕시럽에 10초간 버무린다.
  튀긴 바나나 사이로 가는 실이 형성될 때,
  기름칠한 접시에 담고,
  젓가락으로 서로 붙지 않게 떼어 실을 만들어 놓고 식힌다.

3 접시에 보기 좋게 10개를 담아낸다.

요리완성

후식류

Master Craftsman Cook,
Chinese Food

빠스은행
(拔絲銀杏 발사은행)

요구사항

가. 은행을 이용하여 은행빠스를 만드시오.
나. 설탕시럽을 만들어 사용하시오.

재료
껍질 깐 은행 130g, 달걀 1개, 설탕 3~4T, 밀가루, 식용유

빠스은행
(拔絲銀杏 발사은행)

🍲 Cooking Point !!

① 은행은 밀가루를 입혀 삶은 후 튀긴다.
② 설탕시럽이 타지 않도록 한다.
③ 설탕시럽 양이 너무 많거나 적지 않도록 조절한다.

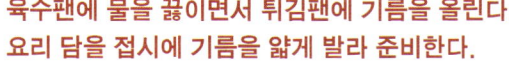

**육수팬에 물을 끓이면서 튀김팬에 기름을 올린다.
요리 담을 접시에 기름을 얇게 발라 준비한다.**

<<< 준비단계

- 은행은 껍질을 제거하는데, 다음 세 가지 방법 중 편한 방법으로 한다.
  - 물에 넣고 삶아 속껍질을 제거한다.
  - 볶음팬에 은행과 소금을 넣고 볶아 껍질을 제거한다.
  - 170℃ 기름에 껍질이 벗겨질 정도로 튀긴 후 찬물에 헹궈 껍질을 제거한다.

1. 은행에 옷 입히기
   - 먼저 육수팬에 물을 끓인다.
   - 접시1에 달걀 흰자 1/2개를 담고, 접시2에 밀가루를 담아 준비한다.
   - 껍질 벗긴 은행을, 접시1의 달걀 흰자에 버무려 코팅한 후,
     접시2에 옮겨 들고 흔들어 밀가루를 묻힌 후 손으로 버무려준다.
   - 은행을 손에 하나씩 쥐고 밀가루를 꼼꼼이 묻힌다.
   - 옷을 입힌 은행을 모두 조리에 담아 끓는 물에 담갔다 건진다.

2. 은행에 옷 입히는 과정을 2~3회 반복하여 둥글둥글하게 성형한다.
   (양을 늘리기 위해서 이 방법을 5회 정도 하기도 한다.)

3. 튀김팬의 기름을 170℃로 가열하면서,
   접시1은 바닥에 기름칠을 얇게 하고,
   접시2는 완성품 담을 접시로 준비한다.

4. 설탕시럽을 만들기 위해 볶음팬을 약불로 예열한다.

5. 튀김팬에 기름이 170℃가 되면, 약불로 낮추고,
   은행을 넣고 노릇하게 튀겨낸다.

6. 예열한 볶음팬에 기름코팅을 한 후 면보로 기름을 닦아내고,
   곧바로 설탕 4T을 넣고 국자로 저어가면서 시럽을 만든다.
   설탕이 녹아 물엿처럼 흘러내릴 때,
   재빨리 튀겨서 기름을 제거한 은행을 설탕시럽에 10초간 버무린다.

7. 은행 사이로 가는 실이 형성될 때,
   기름칠 해둔 접시1에 담고
   젓가락으로 서로 붙지 않게 떼어서 실을 만들어 놓고 식힌다.

8. 다 식은 은행빠스는 완성품 담을 접시에 보기좋게 담아낸다.

요리완성

후식류

Master Craftsman Cook,
Chinese Food

빠스사과
(拔絲苹果 발사평과)

요구사항

가. 사과는 3cm 정도의 크기로 돌려가며, 다각형 모양으로 자르시오.
나. 사과튀김반죽은 뭉치지 않게 되도록 하시오.

재 료
사과 1개, 설탕 5T, 식용유, 달걀 1/2개, 밀가루 1컵

빠스사과
(拔絲苹果 발사평과)

 Cooking Point !!

① 사과는 3cm 정도로 다각형으로 자르고, 사과 반죽 시 뭉치지 않도록 해야 한다.
② 사과탕은 튀김옷만 살짝 익히고 사과는 아삭함이 유지되도록 은행탕보다 더 짧게 튀겨야 한다.
③ 설탕시럽도 태우지(산화되지) 않아야 하고, 사과의 크기도 일정해야 한다.

Master Craftsman Cook, Chinese Food

육수팬에 물을 끓이고 튀김팬에 기름을 올린다.
담을 접시를 준비한 다음 재료들을 씻어 손질한다.

<<< 준비단계

- 사과에 튀김옷 입히기
  - 사과는 껍질을 벗기고 4등분한 후
    다시 두 조각으로 잘라 총 8등분한다.
  - 씨 있는 부분을 잘라내고 양끝 모서리를 정리하고,
    정리한 사과를 3cm 정도의 다각형 모양으로 길쭉하게 어슷 썬다.
  - 접시1에 달걀 1개를 풀어 놓고,
    접시2에 밀가루 1컵을 펼쳐놓는다.
  - 썰어놓은 사과를 달걀에 골고루 버무린 다음
    밀가루 접시에 넣고 골고루 버무린다.
  - 조리대에 담아 끓는 물에 살짝 데쳐 내어
    다시 밀가루 묻히기를 2~3회 반복한다.
  - 4회째는 밀가루 반죽이 뭉치지 않게 한 개씩 손으로 뭉쳐서,
    튀길 수 있게 접시에 담아놓는다.

1 튀기기
- 튀김팬의 기름을 가열한다.
- 접시1은 바닥에 기름칠을 얇게 하고,
  접시2는 완성된 사과빠스 담을 접시로 준비한다.
- 기름이 170℃가 되면,
  약불로 낮추고 사과를 한 개씩 넣어 노릇하게 튀겨낸다.

2 시럽 만들기
- 예열한 볶음팬에 기름코팅을 한 후
  면보로 기름을 닦아내고,
  곧바로 설탕 4T을 넣고 국자로 저어 시럽을 만든다.

3 설탕이 전체적으로 녹아 물엿처럼 흘러내릴 때,
  재빨리 튀긴 사과를 건져 기름을 뺀 후 시럽에 10초간 버무린다.

4 튀긴 사과 사이로 가는 실이 형성되면 담아
  젓가락으로 서로 붙지 않게 떼어 실을 만들어 놓고 식힌다.

5 완성품을 접시에 보기좋게 담아낸다.

요리완성

Master Craftsman Cook, Chinese Food

후식류

빠스수박
(拔絲西瓜 발사서과)

요구사항

가. 수박은 3cm×3cm 정사각형으로 하시오.
나. 밀가루 튀김옷에 수박을 입혀 기름에 튀기시오.
다. 설탕시럽의 색이나 농도에 유의하시오.

재료
수박 1/6통, 밀가루 1컵, 식용유, 설탕 1컵

빠스수박
(拔絲西瓜 발사서과)

Cooking Point!!

① 튀김온도에 유의한다.
② 밀가루 튀김옷의 농도에 유의한다.
③ 튀김옷을 만들어서 사용하면 조리시간을 단축할 수 있다.

만드는 방법

Master Craftsman Cook, Chinese Food

**튀김팬에 기름을 올리고, 담을 접시들을 준비하고,
재료들은 씻어 손질한다.**

1 수박은 껍질을 벗긴 후 3cm×3cm의 정사각형으로 썰어 놓는다.

2 볼에 밀가루 1/2컵, 물 7부컵, 소금 1t, 식용유 1T을 넣어
  튀김옷을 만들어 둔다.

3 튀김팬의 기름이 180℃가 되면
  썰어놓은 수박에 밀가루를 묻힌 후
  만들어 놓은 튀김 옷을 입혀 하나씩 넣어 튀긴다.

4 기름칠한 넓은 접시와 빠스수박 담을 접시를 준비한다.

5 볶음팬을 기름 코팅하고 면보로 닦아낸 후
  설탕 5T을 넣고 국자로 서서히 저어가며 녹인다.

6 연한 갈색이 나면 튀겨낸 수박을 넣어 재빨리 버무린 후,
  기름칠한 넓은 접시에 부어 하나씩 떼어 놓고 식힌다.

7 식은 수박빠스를 완성용 접시에 담는다.

요리완성

후식류

Master Craftsman Cook,
Chinese Food

빠스달걀
(拔絲鷄蛋 발사계단)

요구사항
가. 달걀 지단을 부친 달걀 빠스를 만드시오.
나. 설탕시럽의 색이나 농도에 주의하시오.

재료
달걀 2개, 녹말가루(감자전분) 5큰술, 소금 1작은술, 튀김용 식용유, 설탕 1/2컵

빠스달걀
(拔絲鷄蛋 발사계단)

 Cooking Point !!

① 달걀지단이 부풀도록 잘 튀겨야 한다.
② 설탕시럽이 타지 않도록 한다.

Master Craftsman Cook, Chinese Food

**튀김팬에 기름을 올리고, 담을 접시들을 준비하고,
재료들은 손질한다.**

<<< 준비단계

- 달걀은 잘 저어 1/3은 따로 남겨두고
  소금 1t과 녹말가루 2T을 넣고
  덩어리 없이 잘 저어 둔다.

- 튀김팬을 기름 코팅 후 닦아내고
  지단을 두툼하게 부친 다음
  2cm×2cm 사다리꼴 모양으로 썰어 놓는다.

1 1/3의 달걀에 녹말가루 3T,
   식용유 1T로 튀김반죽을 한다.

2 튀김팬을 가열하고,
   썰어놓은 지단을 반죽그릇에 넣어 잘 무친 후
   150℃ 기름에 하나씩 넣어 달걀지단이 부풀도록 노릇하고,
   바삭하게 튀겨낸다.
   (기름칠한 넓은 접시와 빠스달걀 담을 접시를 준비한다.)

3 볶음팬을 코팅한 후 닦아내고 설탕 5T을 넣고
   국자로 서서히 저어가며 녹인다.
   연한갈색이 나는 시럽이 되면
   튀겨낸 달걀을 넣고 재빨리 버무려
   기름칠한 넓은 접시에 하나씩 떼어 담아놓는다.

4 식으면 완성접시에 담는다.

요리완성

후식류

Master Craftsman Cook,
Chinese Food

빠스찹쌀떡
(拔絲元宵 발사원소)

요구사항

가. 찹쌀경단을 10개 만드시오.
나. 설탕시럽의 색이나 농도에 주의하시오.
다. 튀김 완성 시 바삭하게 되도록 하시오.

재료
찹쌀가루 200g, 팥앙금 50g, 설탕 1/2컵, 식용유

빠스찹쌀떡
(拔絲元宵 발사원소)

 Cooking Point !!

❶ 찹쌀떡에 설탕시럽을 버무릴 때 찬물 1t을 끼얹어 주면 시럽이 찹쌀떡에 잘 묻는다.
❷ 빠스요리는 튀김과 설탕시럽 만드는 것을 동시에 해야 한다.

Master Craftsman Cook, Chinese Food

만드는 방법

**육수팬에 물을 끓이고 튀김팬에 기름을 올린다.
담을 접시를 준비하고 재료들을 씻어 손질한다.**

<<< 준비단계

- 육수팬에 물이 끓으면 볼에 찹쌀가루를 넣고,
  끓는 물에 익반죽하여 쫀득하게 치대어 놓는다.

- 팥앙금을 0.5cm 크기의 완자로 만들어 놓는다.

- 경단 빚기
  - 숙성시킨 반죽을 도마에서 잘 치대어
    가래떡처럼 1cm 두께로 길게 늘이고
    2cm 길이로 12개 정도 덩어리를 만든다.
  - 양손에 하나씩 들고 쥐었다 폈다 한 후
    엄지손가락으로 중앙을 꾹 눌러 주고,
    그 안에 팥앙금 완자를 넣고,
    찹쌀로 덮어 한 번 더 꾹 눌러준 후
    양손으로 비벼 12개의 경단을 만들어 놓는다.

1. 기름칠한 넓은 접시와 완성용 접시를 준비한다.
   (빠스찹쌀떡 담을 접시를 준비한다.)

2. 찹쌀떡을 조리에 담아 중불(110℃)에서 천천히 튀긴다.
   찹쌀떡이 조금씩 부풀어가며 튀겨질 때
   조리로 건져 까불러서(국자로 조금씩 두들겨 가며)
   수분 제거를 하면서 노릇하게 튀긴다.

3. 볶음팬을 기름 코팅한 후 면보로 닦고
   설탕 4T을 넣어 국자로 서서히 저어가며 녹인다.
   황금색이 나는 시럽이 되면
   튀겨낸 찹쌀떡을 넣어 재빨리 버무려
   기름칠한 넓은 접시에 부어 하나씩 떼어 놓는다.

4. 식으면 완성용 접시에 담아낸다.

요리완성

Master Craftsman Cook, Chinese Food

후식류

멜론시미로
(蜜瓜西米露 밀과서미로)

요구사항

가. 시미로를 불려서 사용하시오.
나. 멜론을 갈아 주스를 만드시오.

재료
멜론 1/8개, 설탕 1T, 생크림(우유) 2T, 멜론시럽 2T, 시미로 2T

멜론시미로
(蜜瓜西米露 밀과서미로)

Cooking Point !!

① 멜론주스를 차게 먹기 위해 냉장고에 냉장한다.
② 멜론을 통째로 장식을 만들어 사용할 수도 있다.

 만드는 방법

**육수팬에 물을 끓이면서 담을 접시를 준비하고,
재료들을 씻어 손질한다.**

<<< 준비단계

- 볼에 물 150cc를 붓고
  시미로 2T을 넣어 20분간 둔다.

- 육수팬에 물 200cc를 부어 끓으면
  물에 불린 시미로를 넣어,
  데친 뒤 찬물에 담가준다.

요리완성

1 멜론은 씨와 껍질을 제거하고
  작게 썰어 놓는다.

2 믹서기에 멜론과 생크림 2T, 설탕 1T, 멜론시럽 2T을 넣고
  곱게 갈아 멜론주스를 만들어 놓는다.

3 작은 후식 볼에 멜론주스를 7부 담고,
  그 위에 찬물에 담가둔 시미로를 조리로 건져
  약간 물기를 제거하고 2T을 띄워 넣는다.

후식류

Master Craftsman Cook, Chinese Food

지마구
(芝麻球 지마구)

요구사항

가. 찹쌀경단을 만들어 10개를 제출하시오.
나. 깨를 바른 후 기름에 튀겨 내시오.

재료
참깨 100g, 찹쌀떡 400g, 팥앙금 100g, 식용유(튀김용)

지마구
(芝麻球 지마구)

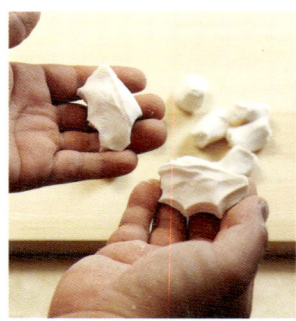

Cooking Point !!
1. 찹쌀경단이 잘 익도록 한다.
2. 기름에 튀길 때 깨가 타지 않도록 한다.
3. "지마"라는 중국어는 "참깨"란 뜻이다.
4. 지마구를 튀길 때 주의해서 튀긴다.

Master Craftsman Cook, Chinese Food

**육수팬에 물을 끓이고 튀김팬에 기름을 올린다.
담을 접시를 준비하고 재료들을 씻어 손질한다.**

<<< 준비단계

- 볼에 찹쌀가루를 넣고, 끓는 물로 익반죽해 쫀득하게 치대어 놓는다.

1 팥앙금을 0.5cm 크기의 완자로 만들어 놓는다.

2 경단 만들기
   - 숙성시킨 반죽을 도마에서 잘 치대어
     가래떡처럼 길게 1cm 두께로 늘이고
     2cm 길이로 12개 정도 덩어리를 만든다.
   - 양손에 하나씩 들고 쥐었다 폈다 한 후
     엄지손가락으로 중앙을 꾹 눌러 준다.
   - 그 안에 팥앙금 완자를 넣고,
     찹쌀로 덮어 한 번 더 꾹 눌러준 후
     양손으로 비벼 12개의 경단을 만들어 놓는다.

3 육수팬에 물이 끓으면,
   만들어 놓은 찹쌀경단을 넣어
   국자로 저어가며 익혀낸다.
   (지마구 담을 접시를 준비한다.)

4 넓은 접시에 참깨를 펴 놓고,
   익힌 찹쌀경단을 굴려주면서 참깨를 묻히고,
   한 번 더 손으로 쥐어 묻혀준다.

5 튀김팬의 기름이 140℃ 정도가 되면 한 개씩 넣어 튀긴다.

6 찹쌀떡이 기름 위에 떠오르면 온도를 올려
   170℃에서 살짝 튀겨 바삭해지면 건져낸다.

7 기름 제거 후 접시에 담아낸다.

요리완성

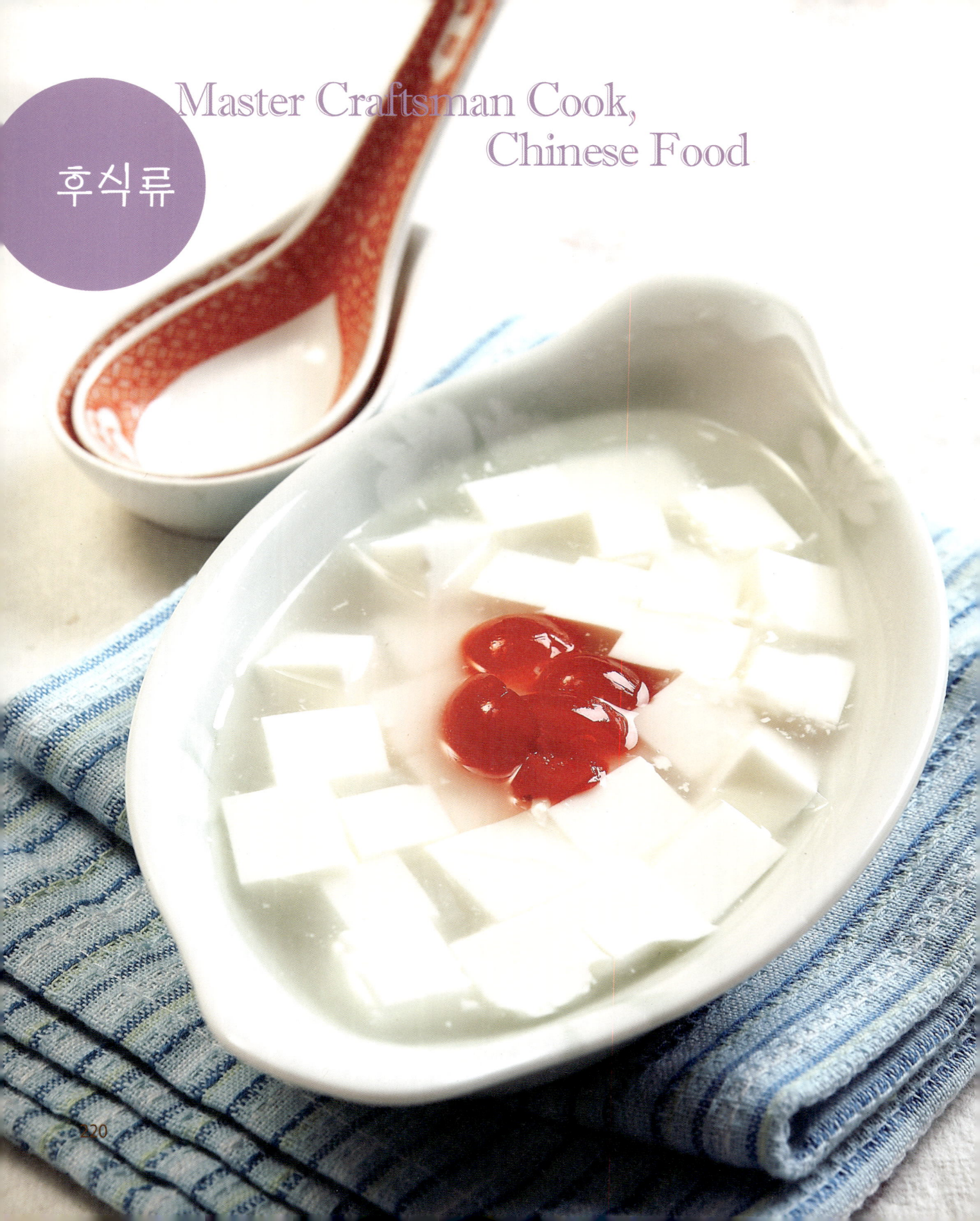

후식류

Master Craftsman Cook,
Chinese Food

행인두부
(杏仁豆腐 행인두부)

요구사항

가. 한천은 물에 불려 사용하시오.
나. 2cm×2cm의 사다리 모양으로 써시오.
다. 행인두부는 맑고 투명하게 만드시오.
라. 설탕물은 100cc를 제시하시오.

재료
물 1컵, 우유 5T, 설탕 5T, 한천 5g, 아몬드향

행인두부
(杏仁豆腐 행인두부)

Cooking Point !!

① 설탕물과 행인두부의 농도에 유의한다.
② 행인두부의 "행인"은 살구씨 또는 아몬드를 의미한다.
③ 행인두부는 굳히는 시간이 오래 걸리므로 제일 먼저 만들어 놓는다.

Master Craftsman Cook, Chinese Food

만드는 방법

**육수팬에 물을 끓이면서 담을 접시를 준비하고
재료들을 씻어 손질한다.**

<<< 준비단계

- 한천은 미지근한 물에 10분간 충분히 불려 놓는다.
- 육수팬에 물 150cc과 불린 한천을 넣고
  중불에서 국자로 저어가며 서서히 끓인다.
- 한천이 전부 녹았다고 판단되면 담을 그릇을 준비하고
  고운 체에 걸러 거친 입자를 제거한다.
- 한천물 담은 그릇에 설탕 2T, 우유 5T, 아몬드향 1t을 넣고
  희석시켜 용기에 붓고 1시간 냉장 보관한다.

1 굳으면 사각형(사다리꼴) 모양으로 썬다.
   (행인두부 담을 그릇을 준비한다.)

2 설탕시럽(물 150cc + 설탕 3T)을 만들어 요리 그릇에 붓고
   사각형 모양의 한천을 띄워서 담아낸다.

요리완성

특허제10-0952581호

팔보오리탕
(八寶鴨湯 팔보압탕)

재료

오리 한 마리(2kg),
십전대보탕 한약재
(백복령 2g, 백출 2g, 감초 2g, 쑥지황 1g,
구기자 1g, 당귀 10g, 백작 1g, 천궁 2g,
인삼 2뿌리, 대추 15알)
소금 3T,
청주 50cc,
생당귀잎 30g,
후추 1/2T

만드는 방법

1. 십전대보탕 재료들을 넣고 30분간 끓인다.
2. 오리 한 마리를 손질해 끓고 있는 탕에 넣고 소금, 술을 넣는다.
3. 1시간 30분 정도 푹 삶는다.
4. 다 삶아지면 접시에 담고 오리 위에 생당귀잎을 소복하게 얹고, 후추를 뿌린다.
5. 육수 500cc에 치킨스톡 1/2T으로 간을 하여 오리 담은 접시에 부어 낸다.

★ 소스 - 깨소금(참깨 1T, 소금 2T, 후추 1/3T)

Cooking Point !!

❶ 십전대보탕 한약재가 들어간 최고의 보양요리로서 국물의 시원함과 생당귀의 상큼한 조화가 특징이다.
❷ 인삼은 다듬어 오리탕이 끓은 다음 1시간 이후에 넣어야 한다.

高級中國料理

Master Craftsman Cook, Chinese Food

특허요리
특허제10-0952307호

녹즙면말이새우
(綠汁海蝦卷 녹즙해하권)

특허제10-0952307호

재 료

국수 - 밀가루 200g,
녹즙(시금치) 250cc, 소금2g

왕새우 10마리, 양상추 1/2통, 양파 1/4쪽, 표고 1개, 죽순 5g, 대파 1/2, 생강 3g, 마늘 4쪽, 마라장 1/2T, 참기름 1/2T, 올리브 1/2T, 육수 100cc, 물 녹말 1/2T, 고추기름 1T, 두반장 1/2T, 케첩 4T, 청주 1T, 간장 2t, 설탕 2T, 식용유

만드는 방법

1. 시금치를 다듬어 잘게 썰어 믹서기로 녹즙을 만든다.
2. 소금을 넣어, 밀가루 반죽을 한 후 우동기계에 국수를 뽑아둔다.
3. 양상추는 다듬은 후에 3cm 크기로 찢어 찬물에 담갔다가 건져둔다.
4. 왕새우는 꼬리를 남기고, 머리와 껍질을 벗겨 내장 제거 후, 등쪽으로 칼집을 넣어 청주를 뿌려준다.
5. 대파는 송송 썰고, 마늘과 생강은 다지고, 양파, 죽순, 표고버섯은 잘게 썬다.
6. 튀김팬에 기름을 올려 약불에 두고, 왕새우에 국수를 가지런하게 감아서, 100℃에서 바삭하게 튀겨낸다.
7. 물기 제거한 양상추를 접시 중앙에 소복하게 담는다.
8. 볶음팬을 달궈 식용유로 코팅한 후 고추기름 1/2T, 파, 마늘, 생강을 볶다가 청주 1/2t, 간장 2t으로 향을 낸다.
9. 잘게 썰어놓은, 양파, 죽순, 표고버섯을 넣고 볶으면서, 두반장 1/2T, 케첩 4T을 넣고, 육수 100cc을 붓는다. 설탕 2T, 마라장 1/2T으로 간을 한 후, 물 녹말 1/2T을 넣어 농도를 묽게 한다.
10. 여기에 튀겨놓은 새우를 넣고 참기름 1/2T, 올리브 1/2T, 고추기름 1T을 넣고 버무려 양상추 접시에 소복하게 담아낸다.

Cooking Point !!

녹즙면말이새우 요리는 국수의 고소함과 소스의 매콤, 달콤함이 잘 어우러지며, 특히 양상추의 아삭함과 신선함이 두드러지는 요리이다.

약력

서정희 (徐廷熙)

국가공인 조리기능장, 중식당 아방궁 대표
- 사)한국조리사회중앙회 부산광역시 지회장
- 영산대학교 동양조리학과 겸임교수
- 부산광역시 중식발전연구회 회장 역임
- 부산광역시 동래구 중식봉사협회장 역임
- 부산광역시 중식봉사 총연합회 사무국장 역임
- 중식 조리기능장, 산업기사, 기능사 실기감독위원
- 부산시경제진흥원 소상공인지원센터 컨설턴트, 도우미업체
- 부산시동래구 음식업 지부 상임감사
- 부산시 동래구 음식문화개선운동 추진위원
- 부산시 동래구 규제개혁위원회 위원
- 부산지역본부 국가기술자격증 대여행위 감시단위원
- 2007, 2011년도 부산광역시 지방기능경기대회 조리심사위원

수상경력
- 2011 신지식인 선정
- 국무총리 김황식 표창장
- 부산광역시장 허남식 표창장
- 국회의원 유재중 표창장
- 국회의원 이진복 표창장
- 국제라이온스클럽 355A지구 총재 봉사대상
- 대통령 직속 중소기업특별위원회 위원장 염홍철 표창장
- 부산지방식품의약품안전청장 이상열 표창장
- 부산지방경찰청장 조현오 감사장
- 2006년 SBS전국요리 왕중왕전 중국요리왕
- 2008베이징 제6회 중국요리세계대회(은메달)

저서
- Chainess Master chef 중국요리「훈민사 2007」
- Craftsman Cook,Chinese Food 중국요리「예문사 2011」

특허요리 2건 등록
- 팔보오리탕, 특허 제 10-0952581호
- 녹즙면말이새우, 특허 제 10-0952307호

참고문헌

참고문헌
- 이면희의 중국요리(이면희, 2001년, 조선일보사)
- 최신 중국요리 (대표 최송산, 2003년, 도서출판 효일)
- 여경옥의중국요리(여경옥, 2003년, 여성자신)
- 고급중국요리(대표 정윤두, 2005년, 백산출판사)
- Chainess Master chef 중국요리(서정희, 2007년, 훈민사)
- 중국요리(대표 오순덕, 2008년, 신광출판사)
- 글로벌음식문화의이해(박경태, 2008, 석학당)
- 중국특선명요리(최송산, 2009년, 도서출판 효일)
- Craftsman Cook,Chinese Food 중국요리(서정희, 2011, 예문사)

재료 협력업체
- Nestle 네슬러   팀장 조나영 010-9606-5727,본부장 석종권
- 천부수산   대표 신현종 010-3845-9970
- 이조유통(중국요리재료)   대표 김영환 051-521-1885
- 대도주방그릇도매상사   대표 김도행 011-560-0731
- 대송고량주   대표 김범동 011-9235-7954
- 부자가네(야채재료)   대표 김영근 010-3687-8235

중식조리기능장 시험대비
高級 中國料理
고급중국요리

발행일	2012년 03월 05일 초판 발행
	2021년 03월 05일 초판 1쇄 발행
저 자	서 정 희
발행인	정 용 수
발행처	예문사
주 소	

경기도 파주시 교하읍 문발리 498-1(파주출판도시 내)
TEL:(031)955-0550/FAX:(031)955-0660

등록번호 제11-76호

정 가   25,000원

ISBN 978-89-273-0729-7   13590

· 이 책의 어느 부분도 저작권자나 발행인의 승인 없이 무단 복제하여 이용할 수 없습니다.
· 파본 및 낙장은 구입하신 서점에서 교환하여 드립니다.
· 예문사 홈페이지 http://www.yeamoonsa.com